INTELIGENCIA EVOLUTIVA HUMANA

Ideas para trascender

Javier Lefiman

Temuco, 2023

Catalogación Bibliográfica

Autor: Abelardo Javier Lefiman Pichihueche

Título: Inteligencia Evolutiva Humana

Sello editorial: Witravel Editores

(978-956-09976)

Primera Edición, Chile, 2023.

ISBN: 978-956-09976-0-9

Materia: 001 - Conocimiento

Tipo de Contenido: Ciencia y tecnología

Edición en Español

Editorial: Witravel Editores (Marca Comercial de Kimunet E.I.R.L.)

Impreso en Temuco, Chile. *Printed in Chile*

Dedicado a mis ancestros.

Índice

Prefacio

El deseo de trascender en el tiempo y en el espacio es una aspiración universal que no debería ser exclusiva de ciertos grupos privilegiados. Cualquier ser humano, independientemente de su origen o posición social, edad, tiene el potencial de dejar un legado significativo y de impactar positivamente en su entorno y en las generaciones futuras.

Este sentido democrático de la vida me impulsó el año 2012 a publicar mi primer libro denominado "La Inteligencia Evolutiva del Emprendedor", mi primera incursión como escritor (Lefiman, 2012). A partir de allí, se inspira este nuevo libro, el cual cambia el enfoque y genera nuevo contenido. Al mismo tiempo, se ha dedicado tiempo y esfuerzo para que este libro sea práctico y oriente la formación de líderes que sueñan con dejar alguna huella positiva en su vida.

La trascendencia puede tomar diferentes formas según la persona, y lo importante es que cada individuo encuentre su propósito y sentido de vida, y trabaje para alcanzarlo. No importa cuán modesto o grande pueda parecer ese propósito, lo esencial es que sea auténtico y genuino, y que genere un impacto positivo en el mundo que lo rodea. No hay un propósito o significado predeterminado para ti, parte de la inteligencia evolutiva humana es buscarlo y descubrirlo.

También me impulsó escribir esta obra la tendencia actual, donde observo cómo la ignorancia y la información sesgada se ha transformado en un culto. Como las decisiones importantes están influenciadas por "fake news" y no se observan esfuerzos por ir a las fuentes originarias. El resultado final será tomar decisiones equivocadas que en el largo plazo traerá consecuencias no deseadas, tanto para la sociedad como para cada uno de nosotros. De la interrelación no podemos escapar, por eso me importan no sólo las decisiones que me corresponden tomar a mí, sino también la de los demás seres humanos.

Trascender puede implicar fama o riqueza material, como también, dejar una huella positiva en la vida de los demás, en la sociedad y en el mundo en general. Esto puede manifestarse a través de actos de generosidad, servicio a los demás, creatividad artística, innovación científica, impulsar emprendimientos o simplemente, lograr el progreso familiar.

No intento colocar en tu mente alguna ideología social, religión, tendencia política, modelo económico o creencia. Simplemente, a partir de observaciones de sistemas naturales, culturas ancestrales, organizaciones privadas y públicas, y mi experiencia de vida, poder reflexionar sobre la forma en que tomamos nuestras decisiones. No sólo hay un camino para vivir, hay muchos, todo depende de la libertad de pensamiento, los sueños, el trabajo constante y por sobre todo, de la interrelación entre los seres humanos y su entorno natural. Esta es una instancia para no estar de acuerdo, es una instancia para recordar buenos momentos o enojarse. Si logro provocar algún sentimiento, el objetivo del libro está más que cumplido.

Advertir que este libro está adaptado al contexto actual, utilizando no solo libros para conectar las ideas, sino también se analizaron libros virtuales, videos, entrevistas, películas documentales de Internet y diarios electrónicos; condición que quizá podría ser criticada por el mundo académico e intelectual. Al respecto, pretendo entregar un escrito más bien práctico, accesible también a aquellas personas que están fuera de los círculos de poder.

Finalmente, decir que las ideas planteadas aquí tienen vida y siguen su proceso de evolución, motivo por el cual podrían modificarse con el transcurso del tiempo.

Abelardo Javier Lefiman Pichihueche

1 LA INTELIGENCIA EVOLUTIVA, MADRE DE TODAS LAS INTELIGENCIAS

En la canción "La Vida" del grupo argentino "Fabulosos Cadillacs", se menciona el deseo humano de alcanzar el cielo, simbolizando nuestra aspiración por sobrevivir, crecer y evolucionar. Esta pulsión de extender nuestra existencia está arraigada en nuestro ADN, como lo describió el filósofo Friedrich Nietzsche al hablar de la "voluntad de poder". Esta fuerza impulsa al ser humano a no solo mantenerse vivo, sino también a crecer y expandirse, rechazando la debilidad y la esclavitud.

A menudo, nos enseñan que debemos trabajar hasta el agotamiento para cumplir nuestros sueños, pero ¿realmente siempre el crecimiento requiere un gran esfuerzo? Aquellos que han alcanzado el éxito y el reconocimiento en diversos campos no siempre han seguido esta receta. Entonces, ¿existen caminos más eficientes para crecer rápidamente? ¿Cómo podemos evolucionar sin esperar un millón de años?

Gastamos mucho tiempo pensando en cómo pagar nuestra comida, las deudas, la luz, el agua, la casa o el automóvil, sin detenernos a reflexionar sobre aspectos más importantes para nuestra evolución individual y social. En un mundo ideal, las necesidades básicas estarían resueltas, y cada persona podría dedicar su mente a crear y descubrir nuevas formas de vivir en armonía. He estado escribiendo este libro durante varios años, y ha sido un desafío avanzar en él mientras trabajaba para cubrir mis necesidades básicas. Es curioso notar que muchos grandes pensadores, científicos, escritores y millonarios provienen de familias acomodadas, lo que les ha permitido dedicar tiempo y mente a lo que realmente les interesa. En Italia, los mecenas jugaron un papel importante al financiar la vida de algunos genios como Leonardo Da Vinci, brindándoles la libertad para crear. Sin embargo, en el mundo real, la mayoría de las personas debemos preocuparnos por nuestras necesidades básicas y solo nos queda un poco de tiempo y energía para la creación. Así, parece claro que alcanzar la libertad financiera sería un salto evolutivo en nuestras vidas, permitiéndonos centrarnos en los aspectos realmente importantes.

Este libro ofrece una reflexión realista y pragmática sobre la importancia de la libertad financiera como una vía para dedicarnos a lo que realmente nos apasiona, una guía inspiradora para aquellos que desean dar un salto evolutivo en su vida y alcanzar su máximo potencial. Esta obra reflexiona sobre la influencia de algunas personas y la invisibilidad de otras. ¿Por qué algunos trascienden mientras otros parecen nunca haber existido? ¿Por qué hay quienes influyen sin buscar la excelencia, mientras otros luchan por serlo sin motivar a nadie?

En el mundo empresarial ocurre algo similar, algunas empresas nacen y mueren rápidamente, otras crecen un tiempo y luego desaparecen, pero unas pocas perduran y ejercen influencia por décadas o siglos. Por eso, se invita a descubrir los factores que limitan o impulsan los saltos evolutivos. Potenciar nuestra inteligencia evolutiva permitirá generar nuevas oportunidades de crecimiento tanto en nuestra vida personal, profesional o en los negocios que emprendamos.

La "Inteligencia Evolutiva" es la madre de todas las inteligencias.

En 1912, el psicólogo alemán William Stern introdujo el concepto del Coeficiente Intelectual (CI), que clasificaba a las personas según su puntaje en pruebas de inteligencia (Stern, 1914). Se creía que aquellos con un CI más alto estaban destinados al éxito, mientras que el resto se dejaba al azar. Sin embargo, mi experiencia en el colegio, la universidad y el trabajo me ha mostrado que trabajar en grupos con personas consideradas "intelectualmente superiores" no siempre garantiza un avance significativo. El ego de cada individuo juega un papel importante, ya que todos desean imponer sus ideas para ganar sobre los demás. La racionalidad se ve opacada por emociones descontroladas, lo que demuestra que tener un CI alto no siempre es determinante.

En la mayoría de las empresas y actividades productivas, trabajamos con personas que tienen coeficientes intelectuales promedio. La vida cotidiana se desenvuelve en un mundo normal, donde las organizaciones y las personas son normales. En este contexto, tener un coeficiente intelectual alto no es siempre determinante para alcanzar el éxito. Es fundamental adaptarse al contexto y entender que la excelencia puede alcanzarse de diferentes maneras. Valorar la diversidad de habilidades y perspectivas en un equipo puede enriquecer el resultado final y llevar al éxito colectivo. En última instancia, es el conjunto de habilidades y la capacidad de adaptación lo que nos permite prosperar en el mundo real.

En 1983, el psicólogo Howard Gardner planteó el concepto de "inteligencias múltiples", explicando que las personas tienen diferentes capacidades que funcionan de manera independiente, como si el cerebro tuviera distintos procesadores. Según Gardner, se pueden identificar las siguientes inteligencias (Gardner, 1998):

- ✓ Inteligencia lingüística
- ✓ Inteligencia lógico-matemática
- ✓ Inteligencia espacial
- ✓ Inteligencia musical
- ✓ Inteligencia corporal y cinética
- ✓ Inteligencia interpersonal
- ✓ Inteligencia intrapersonal

Este enfoque desestima la creencia de que un puntaje elevado en un test de inteligencia garantiza el éxito, dejando atrás la idea de que aquellos con un CI superior tendrían una ventaja significativa sobre los demás. Con las inteligencias múltiples, se reafirma la diversidad humana y la necesidad de valorar y aprovechar las distintas habilidades que cada persona posee. No deberíamos medirnos bajo un mismo parámetro, ya que cada uno tiene un potencial único y valioso, lo que permite complementar intereses y habilidades para construir un mundo más enriquecedor y armónico.

En un mundo en constante cambio, se demanda adaptabilidad y flexibilidad para enfrentar desafíos diversos. Si una inteligencia específica no está adecuadamente desarrollada, es beneficioso buscar la colaboración de otros con mayores habilidades en ese aspecto. La búsqueda de ventajas comparativas, en lugar de absolutas, nos permite aprovechar el potencial colectivo en lugar de tratar de homogeneizar nuestras capacidades.

La altas calificaciones académicas son siempre deseables, sin embargo podrían conducir al estudiante mateo a enfocarse tanto en el aspecto intelectual que descuide las relaciones sociales. Por su parte, la humildad del estudiante "flojo" puede permitirle pedir ayuda y comprender la importancia de las conexiones humanas más allá del ámbito académico. Esta falta de equilibrio puede afectar al mateo en el futuro, ya que las relaciones sociales y la inteligencia interpersonal juegan un papel clave en el mundo laboral y en roles de liderazgo. Es interesante observar cómo, a pesar de las altas calificaciones, el mateo puede encontrar dificultades para acceder a puestos de alta responsabilidad o liderazgo debido a su falta de habilidades sociales desarrolladas. Por otro lado, el estudiante "flojo", que ha cultivado la inteligencia interpersonal, puede terminar ocupando esos roles de liderazgo, incluso sobre sus propios compañeros que destacaban en lo académico.

Es importante enfatizar que ser un estudiante mateo no es algo negativo, y cada individuo debería esforzarse y dar lo mejor de sí en su campo de desarrollo. No obstante, es crucial reconocer que el éxito no se limita únicamente a los logros académicos. Cultivar las relaciones sociales y desarrollar la inteligencia interpersonal puede abrir puertas y proporcionar oportunidades en diferentes áreas de la vida. La inteligencia no debe medirse únicamente en términos académicos, sino en cómo nos relacionamos y colaboramos con los demás para crear un ambiente más equilibrado y enriquecedor para todos.

Tampoco la riqueza material es un indicador aislado de inteligencia. La inteligencia financiera es un concepto que se refiere a la habilidad de manejar eficientemente los recursos económicos, tomar decisiones financieras acertadas y generar ingresos a través de diferentes fuentes. Por ejemplo, en el caso de Bill Gates, su éxito financiero no se debe únicamente a su coeficiente intelectual o inteligencia académica, sino a su capacidad para identificar oportunidades de negocio, tomar riesgos calculados, liderar una empresa exitosa como Microsoft y tener una visión innovadora que transformó la industria de la tecnología. Además, factores como la suerte, el momento oportuno y el acceso a recursos también pueden haber influido en su éxito financiero.

Es importante destacar que la inteligencia financiera no se limita a ser millonario o tener una gran fortuna. Se trata de tener conocimientos y habilidades para administrar bien el dinero, invertir sabiamente y construir una estabilidad económica para alcanzar los objetivos financieros y personales. Cada individuo tiene sus propias metas y prioridades en la vida, y la inteligencia financiera puede ayudar a tomar decisiones informadas que se alineen con esos propósitos. Por otro lado, el valor de una persona no se puede medir únicamente por su riqueza material o su posición en la sociedad. La inteligencia financiera es una habilidad importante, pero existen muchas otras formas de inteligencia y capacidades que también son valiosas y contribuyen al desarrollo humano y social. En lugar de comparar el valor de las personas en función de su riqueza, es fundamental reconocer y valorar la diversidad de habilidades y talentos que cada individuo posee.

Utilizar y equilibrar las distintas inteligencias y/o habilidades, de acuerdo a un contexto es lo que hace la inteligencia evolutiva humana. Esta inteligencia nos invita a ser flexibles, a aprender continuamente y a aprovechar nuestras capacidades para crecer y evolucionar de manera integral. Al equilibrar y utilizar nuestras diferentes inteligencias de manera consciente y estratégica, podemos abrirnos a nuevas oportunidades, superar desafíos y contribuir al desarrollo personal y colectivo en un mundo en constante cambio.

El reconocimiento de las inteligencias múltiples es un gran avance para el ser humano. No obstante, es momento de incorporar a la madre de todas las inteligencias, la inteligencia evolutiva. Por ejemplo, la inteligencia lógico-matemática puede ser muy útil dentro de las empresas para crear nuevos productos o resolver problemas diversos. Sin embargo, en una fiesta, donde podrías conocer a la madre o al padre de tus hijos, puede ser más importante la inteligencia corporal y cinética para bailar coordinadamente, ya que podría facilitar la conquista de tu futura pareja.

La inteligencia evolutiva, como "la madre" de todas las inteligencias, nos permite descifrar el contexto de manera más profunda y completa. Nos ayuda a analizar el momento, el lugar y las personas presentes, comprendiendo sus motivaciones y perspectivas, sin dejarnos llevar por sesgos ideológicos. Además, implica una autoevaluación honesta de nuestras fortalezas y debilidades, lo que nos permite tomar decisiones más informadas y estratégicas. La inteligencia evolutiva nos capacita para dar los saltos evolutivos necesarios en nuestras vidas, aquellos cambios significativos que pueden llevarnos hacia nuevos horizontes de crecimiento y desarrollo personal.

En definitiva, la inteligencia evolutiva es fundamental para tomar decisiones más conscientes y acertadas, tanto en el ámbito profesional como en el personal. Nos brinda la capacidad de evolucionar y crecer de manera más eficiente, alcanzando nuestros sueños y metas con mayor eficacia. Al desarrollar la inteligencia evolutiva, se tiene una visión más completa y holística de cómo afrontar los desafíos y oportunidades que la vida nos presenta.

Después de todo, quizá sea el momento de cambiar el Coeficiente Intelectual (CI) por el Coeficiente Evolutivo (CE). Puede ser una idea para otro libro.

Ahora bien, aparece una pregunta, ¿Se nace con inteligencia evolutiva o se desarrolla durante la vida? La inteligencia evolutiva es una combinación de factores innatos y aprendidos que se desarrollan a lo largo de la vida de una persona. Los seres humanos nacen con ciertas predisposiciones genéticas y capacidades innatas que influyen en su inteligencia evolutiva. Estas características genéticas pueden incluir instintos, habilidades cognitivas y emocionales que se heredan de generación en generación (experiencias de nuestros antepasados). La evolución humana se ha producido a lo largo de miles de años a través de la selección natural y la adaptación al entorno. Nuestros antepasados enfrentaron diversas condiciones ambientales y desafíos en sus vidas, y aquellos individuos que pudieron desarrollar estrategias efectivas de supervivencia y adaptación fueron los que lograron sobrevivir y transmitir sus genes a las generaciones futuras. A lo largo del tiempo, estas características y habilidades ventajosas se fueron heredando y acumulando, lo que contribuyó al desarrollo y cambio de nuestra especie hasta la actualidad.

Por su parte, el desarrollo de la inteligencia evolutiva también depende en gran medida de las experiencias y el aprendizaje a lo largo de nuestra vida. La información que adquirimos mediante la educación, las interacciones sociales, la observación del entorno y las experiencias personales, entre otros factores, pueden contribuir a la formación de nuestra inteligencia evolutiva, siempre y cuando esto genere flexibilidad de pensamiento a la hora de tomar decisiones trascendentes.

Si bien, la razón y los instintos influyen sobre el desarrollo de la inteligencia evolutiva, el considerar a ambos factores como complementarios, es pensar con inteligencia evolutiva. El ser humano se autodefine como la especie más inteligente en la tierra, intentando esconder su descendencia del mono y olvidando que convive con instintos prehistóricos, los cuales presionan sobre las decisiones individuales y grupales. La existencia de instintos animales en el ser humano data de millones de años, habiéndole permitido sobrevivir hasta hoy, mientras que la razón está "recién nacida". Esto podría explicar porqué personas con pocos estudios formales logran dar saltos evolutivos, en cambio otras personas con muchos estudios no tienen grandes cambios en sus vidas. Los estudios formales utilizan la razón para dar solución a los problemas, simplificando la realidad mediante la selección de las variables más relevantes, haciendo el proceso de toma de decisiones más eficiente. No obstante, cuando se seleccionan algunas variables para explicar un determinado contexto, aquellas que no fueron seleccionadas, sí podrían ser relevantes en un contexto nuevo, entonces ese modelo con algunas variables puede llevarnos a tomar decisiones erróneas.

Una parte importante del desarrollo tecnológico humano se basa en reducir la complejidad, utilizando pocas variables para describir un fenómenos, los cual es paradójico porque pasado un tiempo esa tecnología que trajo progreso, luego trae nuevos problemas, creando nuevos modelos reduccionistas, en una lógica de prueba y error. Por su parte, los instintos han sido sometidos a selección natural por millones de años, en el laboratorio de la tierra, en donde han estado inmersos en un contexto de alta complejidad, teniendo que enfrentar una enormidad de variables naturales. Por eso, utilizar nuestros instintos y nuestra razón armónicamente podría llevarnos a encontrar soluciones más eficaces y hacer nuestro trabajo más eficiente, en el largo plazo.

El ser humano tiene una historia natural innegable. Quizá es el momento de acercarnos más a la naturaleza y eliminar esa barrera entre lo artificial y lo natural, entre el reduccionismo y la complejidad. Aunque el ser humano invente cosas, creyendo que son una creación nacida del interior de su ser, no es más que la consecuencia de miles y miles de años de historia natural. La razón nació para ayudar a los instintos a mejorar la toma de decisiones en la especie humana y así, seguir sobreviviendo, pero en ningún caso vino a eliminar la parte instintiva del ser humano. Aunque algunas religiones han hecho el esfuerzo de no reconocer esta realidad, a través de la idea de que el ser humano proviene directamente de Dios y no de un proceso de evolución de miles de años.

A medida que vivimos y enfrentamos desafíos en el entorno, nuestra inteligencia evolutiva se pone a prueba y se desarrolla a través del razonamiento, la toma de decisiones y la adaptación. Los instintos, por otro lado, pueden influir en nuestras respuestas inmediatas ante ciertas situaciones, y es nuestra razón la que nos permite evaluar y ajustar esas respuestas en función de la información y el aprendizaje acumulado.

Dado que la inteligencia evolutiva se puede desarrollar durante la vida, esta obra propone una guía para identificar aquellos factores que potencian la inteligencia evolutiva y aquellos factores que la retrasan. Por eso, te invitamos a descubrir cómo los secretos de la evolución pueden convertirse en tus aliados en la búsqueda de propósito y tus sueños.

2 HISTORIAS SOBRE SALTOS EVOLUTIVOS

Un salto evolutivo es una singularidad. Para una persona u organización, representa un estado totalmente nuevo en el cual se pueden observar los hechos del presente, pero resulta muy difícil pronosticar el futuro. Además, una vez que se ha alcanzado este nuevo estado, no hay vuelta atrás. Por eso, el crecimiento difiere de la evolución. El crecimiento implica expandirse y conquistar nuevos espacios, mientras que la evolución es un estado en el que el sistema cambia irreversiblemente. Por ejemplo, el matrimonio hace crecer la relación de pareja, mientras que tener un hijo implica evolución. El matrimonio puede disolverse, mientras que ser padres no.

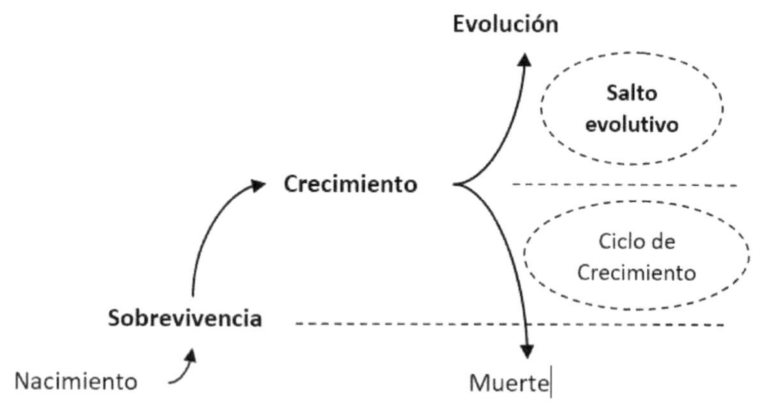

El crecimiento no es sinónimo de evolución, de hecho, se considera un estado inferior. Muchas personas y organizaciones permanecen durante toda su vida en el ciclo de crecimiento, mientras que son menos quienes logran dar saltos evolutivos. Por ejemplo, te inscribes para estudiar una carrera que dura 4 años, pero solo estudias durante 3 años y medio, sin lograr obtener el título universitario. Es probable que hayas experimentado un crecimiento intelectual significativo durante tus estudios, pero no lograste evolucionar. Al obtener tu título, habrías dado un salto evolutivo, lo que te habría permitido expandir tus oportunidades laborales. De hecho, en la mayoría de los empleos bien remunerados es fundamental contar con un título universitario para acceder a un puesto de trabajo.

La historia natural del ser humano nos muestra diferentes saltos evolutivos, desde la formación de átomos, pasando por la cultura hasta la inteligencia artificial. De forma más detallada podríamos hacer la siguiente lista, donde cada salto muestra un nivel de complejidad mayor.

1. Átomos
2. Moléculas
3. Genes
4. Células
5. Órganos
6. Sistemas (sistemas de órganos del cuerpo humano)
7. Especies (conjunto de organismos similares, capaces de reproducirse entre sí)
8. Memes (unidades de información cultural que se replican de persona a persona)
9. Cultura (conjunto de creencias, valores y estilos de vida compartidas por una sociedad)

10. Inteligencia artificial (algoritmos programados para simular la inteligencia humana)

Por otra parte, si analizas tu vida, desde que naciste hasta hoy, de seguro podrás identificar saltos evolutivos:

1. Nacer - Recibir el cuidado de la mamá
2. Dejar la casa - Entrar al kinder (o guardería)
3. Dejar la niñez - Vivir la adolescencia
4. Salir de la secundaria - Entrar a la universidad (o iniciar una carrera profesional)
5. Titularse de la universidad - Comenzar a trabajar
6. Dejar la libertad de soltero/a - Ser papá o mamá (iniciar una familia)
7. Dejar el trabajo - Iniciar un emprendimiento
8. ...

Claramente, esta lista es solo un ejemplo, cada vida es distinta. Incluso los mismos saltos evolutivos se pueden vivir de forma distinta. Cada uno de estos saltos puede ser significativo y tener diferentes niveles de intensidad y desafíos dependiendo del contexto individual. Quizá, cuando entraste a la universidad y fuiste el primero e tu familia en lograrlo. En ese caso, ese salto puede ser más intenso que otra persona donde los padres y abuelos ya habían estudiado en la universidad. O si dejante un trabajo, pudo haber sido dramático abandonar a tu jefe de tantos años y dejar tu estado de confort, para transformarte en emprendedor.

Es importante notar que cada vez que damos un salto evolutivo, abandonamos un estado anterior y eso puede generar un sentimiento de pérdida o despedida, pero también abre la puerta a nuevas oportunidades y experiencias. Cada cambio representa una oportunidad para crecer, aprender y adaptarse a nuevas circunstancias. Además, se debe tener en cuenta que los saltos evolutivos no siempre siguen una trayectoria lineal o predecible. Pueden surgir desafíos inesperados, oportunidades imprevistas o cambios de rumbo en el camino, lo que hace que cada transición sea única y emocionante.

1.1 *BAJAR DEL ÁRBOL*

Antes de abordar los saltos evolutivos a nivel personal, profesional o de negocios, es necesario explorar la odisea vivida por nuestros antepasados para reflexionar sobre nuestro presente. Según los paleontólogos, en particular (Coppens, 2009), el proceso histórico y prehistórico del ser humano muestra numerosos saltos evolutivos que fueron fundamentales para la supervivencia de nuestra especie. Antes de la aparición del ser humano, existían monos. Sin embargo, ¿por qué algunos monos siguieron siendo monos mientras que otros se transformaron en seres humanos?

La explicación se encuentra en los cambios climáticos en África, específicamente debido a la formación de montañas cada vez más altas como resultado de los movimientos geológicos. Antes de que las montañas se elevaran, el flujo de aire húmedo circulaba hacia el interior de África, lo que permitía el crecimiento y desarrollo de una abundante vegetación. Esto creó un paraíso para todas las formas de vida en esa región del mundo, incluyendo a los monos. Sin embargo, a medida que las montañas se levantaron, el flujo de aire húmedo hacia el interior del continente africano se vio interrumpido. Las zonas donde el aire húmedo no llegaba comenzaron a secarse y muchas especies vegetales murieron, dejando a algunos monos sin alimentos, mientras que otros continuaron viviendo en espacios ricos de vegetación, evolucionando muy poco.

Los monos en las zonas secas comenzaron a competir por los escasos alimentos disponibles en los árboles. En este proceso, es posible que algunos monos descubrieran un nuevo patrón: bajar de los árboles. Esto llevó a la diferenciación de dos grupos: aquellos que permanecían colgados de los árboles y aquellos que bajaban al suelo. El segundo grupo experimentó saltos evolutivos significativos al ampliar su entorno y, por lo tanto, sus oportunidades de supervivencia. Mientras que en los árboles necesitaban usar las cuatro extremidades para desplazarse y podían observar su entorno desde las alturas, al bajar de los árboles ya no era ventajoso mantenerse en cuatro extremidades, ya que estaban cerca del suelo, lo que dificultaba una visión clara de los peligros. Surgió entonces un nuevo patrón evolutivo: caminar en dos extremidades (bipedismo). Esto les permitió elevar sus ojos y tener una visión más amplia.

La sequía también impulsó otros saltos evolutivos, como el cambio de una dieta herbívora a una carnívora. Ante la falta de vegetales, tuvieron que recurrir a la carne, un alimento rico en proteínas esenciales para el desarrollo del cerebro. Además, tuvieron que moverse en busca de nuevos entornos, siguiendo a las manadas de animales para obtener alimentos, enfrentándose a nuevos contextos, problemas y peligros, lo que los obligó a encontrar nuevas soluciones. En definitiva, adaptarse para sobrevivir.

Con todos los saltos evolutivos mencionados anteriormente, ¿cuándo se transformó el mono en ser humano? El momento en que el mono se transformó en ser humano se sitúa en el momento en que comenzaron a tallar la piedra fabricando armas y herramientas. Aunque otros seres vivos también utilizan elementos externos a su cuerpo para vivir, como los pájaros que utilizan palitos en la construcción de sus nidos o los castores que construyen represas, la diferencia radica en que los seres humanos comenzaron a tallar la piedra con fines específicos, como cazar o defenderse. El invento no formaba parte de los insumos inmediatos, sino que era utilizado para facilitar la resolución de otros problemas (una segunda derivada). Estas fueron las primeras tecnologías. Este proceso de tallado de piedra se empezó a enseñar, lo que introdujo un nuevo patrón: la transferencia de conocimiento. El uso de herramientas de piedra fue un paso significativo en la evolución humana, ya que mostró una mayor complejidad en el comportamiento y habilidades cognitivas.

A través del tallado de piedra, surgieron armas y herramientas. Se desarrollaron individuos especializados en el tallado de piedra, otros en su uso para cazar, otros en el proceso de descuartizar los animales cazados, y también aparecieron maestros dedicados a enseñar las diferentes funciones, lo que llevó a la especialización de tareas.

Posteriormente, se produjo otro salto evolutivo con la aparición del lenguaje, la utilización del fuego y el aprendizaje de técnicas como el curtido del cuero. Estos avances continuaron hasta llegar a los niveles actuales de evolución, como las telecomunicaciones, internet y la inteligencia artificial.

En la actualidad, estamos presenciando un nuevo salto evolutivo con el avance de la bioingeniería y la inteligencia artificial. Estas tecnologías están permitiendo a los seres humanos tomar un papel activo en su propia evolución, interviniendo en aspectos genéticos y biológicos para prevenir enfermedades y mejorar la calidad de vida. La bioingeniería ha abierto posibilidades antes inimaginables, como la edición genética y la modificación de características humanas. Aunque esta capacidad para controlar nuestra evolución puede ser vista como un avance en la ciencia y la medicina, también plantea dilemas éticos y morales. Algunos consideran que es un territorio peligroso y que se está jugando a ser como "dios", mientras que otros lo ven como una oportunidad para mejorar la salud y el bienestar humano.

Por su parte, la inteligencia artificial está generando un nuevo salto evolutivo en nuestra sociedad. Los avances en esta área han llevado a la automatización de muchas tareas y procesos, transformando la forma en que trabajamos, nos comunicamos y accedemos a la información. La historia de la evolución humana está en constante cambio, y la inteligencia artificial está dando forma a un nuevo capítulo de nuestra historia. Como en los saltos evolutivos anteriores, no hay vuelta atrás, y debemos enfrentar los desafíos éticos y sociales que surgen con estas nuevas tecnologías mientras buscamos un equilibrio entre las nuevas tecnologías y el bienestar humano.

1.2 *EL DINERO*

El dinero ha experimentado una transformación significativa a lo largo del tiempo, pasando del trueque al uso de monedas y billetes, y más recientemente hacia el uso de tarjetas bancarias y pagos con aplicaciones de teléfono móvil. Antes, las transacciones se basaban en intercambios directos de productos, pero con la introducción del dinero, se simplificó el proceso al asignar un valor numérico a los bienes y servicios.

Los saltos evolutivos del dinero han sido impulsados por la necesidad de facilitar el intercambio de bienes y servicios en las sociedades humanas. Algunos saltos pueden ser:

1. El Trueque: Las personas intercambiaban directamente unos bienes por otros sin la necesidad de un medio de cambio. Una vaca por 4 sacos de trigo. Sin embargo, el trueque tenía limitaciones, como la dificultad de establecer el valor relativo de los bienes.
2. Dinero mercancía: Algunas mercancías como sal, conchas, ganado o metales preciosos como el oro y la plata comenzaron a utilizarse como formas de pago.

3. Monedas: Las monedas permitieron una mayor portabilidad y esto permitió el comercio a larga distancia.
4. Dinero en papel: El uso de monedas metálicas fue complementado por billetes de papel emitidos por bancos y gobiernos. Estos billetes representaban un valor específico de metal precioso y eran más fáciles de transportar y almacenar que las monedas.
5. Dinero digital: Con el avance de la tecnología, se desarrollaron sistemas de dinero digital, como tarjetas de crédito, transferencias electrónicas y criptomonedas. Estos métodos de pago permiten realizar transacciones sin la necesidad de dinero en efectivo y han facilitado el comercio en línea y a nivel global.
6. Criptomonedas: Las criptomonedas, como Bitcoin, son una forma relativamente nueva de dinero digital basado en la tecnología blockchain. A pesar de que han ganado popularidad como una forma descentralizada (fuera del control del gobierno o bancos centrales), todavía es un sistema de pago que se está probando.

Dado estos saltos evolutivos del dinero, surge la pregunta de cuál será el siguiente salto evolutivo en el ámbito del dinero.

Recuerdo haber visto la película "In Time" del director y escritor Andrew Niccol, que presentaba un concepto interesante sobre el poder adquisitivo. En este mundo ficticio, el dinero y las tarjetas no eran utilizados, sino que el tiempo se convirtió en la moneda de intercambio.

En la trama, cuando las personas cumplían 25 años, dejaban de envejecer gracias a la ingeniería genética, pero a su vez, se les asignaba un reloj que contenía una cantidad limitada de tiempo de vida. Cada minuto vivido se descontaba de ese reloj y cada compra se pagaba con minutos de vida. Cuando se agotaba por completo el tiempo del reloj, la persona moría. En consecuencia, las personas debían trabajar para recibir tiempo como pago, lo que recargaba sus relojes y les permitía vivir más. También había ricos, quienes tenían mucho tiempo en sus relojes y por lo tanto, eran los que vivían más años. Los ricos tienen el poder y la capacidad de prolongar sus vidas, mientras que los menos afortunados viven al límite, siempre preocupados por no quedarse sin tiempo.

Esta película planteaba una reflexión sobre la desigualdad y la distribución de los recursos, donde la cantidad de tiempo que poseías se convertía en un símbolo de riqueza y poder.

1.3 *CÓDIGOS DE INFORMACIÓN*

Para reducir la complejidad del entorno, es necesario desarrollar sistemas de información más complejos. La forma en que se acumula y se transfiere la información es de gran importancia. La información permite leer el contexto y generar planes para adaptarse a él de manera más eficiente.

Tomemos como ejemplo el cuerpo humano, como un sistema que gestiona información. El cuerpo necesita información sobre qué tipo de alimentos comer, cuánta cantidad debe ingerir, cuándo debe comer y cómo dirigir los nutrientes y los desechos. Estos flujos de información ocurren a través de impulsos eléctricos en el sistema nervioso o mediante sustancias químicas.

Para el caso de una empresa, sin un sistema informático tendría que realizar informes diarios de ventas utilizando papel y lápiz, o contratar personas adicionales para recopilar, almacenar y procesar los datos necesarios para la toma de decisiones. Esto implicaría una demora considerable y posiblemente errores en los informes. De hecho, esta era la forma utilizada por los dueños de almacén. Luego, con las cajas registradoras se ordenó la información de las ventas diarias. Después, los computadores reemplazaron a las cajas registradoras y pudiendo entregar reportes ordenados para tomar decisiones a cada instante. Pero con esta tecnología aparece el código de barras, ya que para entregar información ordenada y al instante se necesitaba codificar cada producto de forma numérica y poder leer cada uno de esos códigos. Pero antes de hablar del código de barras, veamos otros ejemplos de códigos que le permitieron a las personas dar saltos evolutivos.

El ser humano, hace miles de años, probablemente tenía mucho más peleas, viviendo en un ambiente muy agresivo, básicamente por la falta de códigos que les permitieran comunicarse. De esta forma, se fue gestando el lenguaje humano, a través de múltiples saltos evolutivos. Si bien, no existe una línea divisoria clara entre cada etapa de la evolución del lenguaje, ya que pudo estar influenciado por factores culturales, sociales y cognitivos a lo largo del tiempo. Se propone una representación general de la evolución del lenguaje. Cada salto evolutivo del lenguaje requirió de nuevos elementos que pudieran codificar la información que se quería comunicar, partiendo con los simples sonidos, donde cada sonido distinto comunicaba una información distinta.

1. El sonido
2. Palabras (Oralmente)
3. Símbolos
4. Letras
5. Frases
6. Oraciones
7. Memes (unidades de información cultural que se replican de persona a persona, por ejemplo, canciones, poemas, videos, ideologías, entre otros)

Luego, el avance de las tecnologías digitales ha transformado nuestra sociedad de manera acelerada, resolviendo problemas de comunicación y permitiendo manejar grandes volúmenes de información. Sin embargo, antes de la era digital, surgieron las telecomunicaciones, una tecnología que habría sido considerada brujería o magia para personas nacidas en 1800. ¿Alguna vez te has preguntado cómo las palabras, las fotos y los videos viajan a través de cables telefónicos? O aún más asombroso, ¿cómo viajan sin ningún cable?

Los teléfonos móviles actuales nos permiten enviar flujos significativos de información, aunque en su inicio no era posible porque se utilizaba un sistema analógico. El descubrimiento y uso de las ondas electromagnéticas representó un salto evolutivo, no solo a nivel tecnológico, sino también un cambio de paradigma al aceptar la existencia de cosas más allá de nuestra percepción sensorial. Cuando apareció el control remoto, era literalmente mágico, podías cambiar el canal de televisión a distancia. El emisor del mensaje, traducía la información a pulsos eléctricos, con esa codificación viajaba la información y al llegar al receptor los pulsos se traducían nuevamente, entregando la información. Gracias al uso de las ondas electromagnéticas, la información pudo ser transportada en formato analógico desde y hacia diferentes puntos de la Tierra y el espacio, lo cual permitió conectamos a nivel global, incluso desde la luna cuando el hombre llegó por primera vez.

Además, esta señal analógica permitió codificar la información, facilitando la transmisión de voz, imágenes y otros datos a largas distancias. Esto llevó a la aparición de medios de comunicación como la radio y la televisión, que revolucionaron la forma en que la información se difunde y se consume.

El avance de la tecnología digital trajo consigo una mejora significativa en el almacenamiento y flujo de grandes volúmenes de información. Un ejemplo claro de este salto evolutivo es el paso del formato analógico al digital en la música. Mientras que los discos de vinilo almacenaban la información tallando físicamente el disco, en los CD (discos compactos) la información se guarda en un sistema binario, es decir, utilizando los dígitos "0" y "1". Estos elementos son la base de la computación. La transmisión de esta información digital se lleva a cabo mediante impulsos eléctricos, donde la presencia de un "1" representa el flujo de electricidad y la ausencia de un "0" indica la falta de corriente eléctrica. La combinación de 0 y 1 permite almacenar la información en códigos.

Este sistema de codificación binaria ha permitido la creación del código ASCII (Código Estándar Americano para el Intercambio de Información), que asigna un número único a cada carácter y símbolo utilizado en los sistemas informáticos. Gracias al uso del formato digital y la codificación binaria, se ha logrado una mayor eficiencia en el almacenamiento, procesamiento y transmisión de información, lo cual ha impulsado el desarrollo de tecnologías y aplicaciones que utilizamos en nuestra vida diaria. A modo de ejemplo, el nombre de mi hijo mayor, en código ASCII, puede escribirse así:

01000001=A
01001100 =L
01001111=O
01001110=N
01010011=S
01001111=O

Este patrón de orden mejoró los flujos y almacenamientos de la información, permitiendo aumentar su velocidad y el manejo de grandes volúmenes. A partir de este patrón, se ordenó toda la sociedad, generándose negocios relacionados con teléfonos móviles, computadoras, cámaras, sistemas utilizados en los automóviles, internet, entre otros. Todo esto ha reducido la complejidad del entorno y, por otro lado, ha complejizado la vida de las personas, ya que se debió manejar estos nuevos códigos y al inicio generó incertidumbre y desorientación, especialmente en los de mayor edad.

A partir de las tecnologías digitales, aparecen las redes sociales, mejorando el flujo de información y los canales de comunicación, aumentando la velocidad para tomar decisiones. Las redes sociales han mejorado el flujo de información al proporcionar un medio rápido y accesible para compartir noticias, eventos, ideas y opiniones.

Otro caso de saltos evolutivos a través de códigos de información, se dio en las tiendas minorista y en la logística, abarcando las grandes tiendas, las cadenas de supermercados y empresas logísticas. Su salto evolutivo, se basa en el código de barra. Cada producto tiene un código de barras único que contiene información sobre el artículo.

El código de barras ha permitido agilizar y automatizar muchos procesos en el sector minorista y logístico. Al escanear el código de barras en la caja registradora, se puede obtener rápidamente información sobre el producto, como su precio y descripción, lo que facilita la facturación y el registro de ventas. Además, al utilizar el código de barras en el almacenamiento y la gestión de inventario, se puede rastrear el movimiento de los productos en tiempo real, lo que mejora la eficiencia en la reposición de stock y reduce las pérdidas y el desperdicio.

Este salto evolutivo de las tiendas minorista, mediante el código de barra, ha permitido una mayor precisión en el seguimiento y control de inventario, lo que ha llevado a una reducción de costos y una mejora en la planificación de la cadena de suministro. Además, ha facilitado el análisis de datos y la toma de decisiones estratégicas, ya que se pueden obtener informes detallados sobre las ventas y el comportamiento del consumidor.

Otra área donde los códigos de información han permitido dar saltos evolutivos es la ingeniería genética. La comprensión y manipulación del código genético representan un salto evolutivo de gran magnitud para la humanidad.

En 1953, el físico Francis Crick y el biólogo James Watson presentaron la estructura de doble hélice del ácido desoxiribonucleico (ADN), la molécula que almacena la información del diseño de los cuerpos y se transmite de padres a hijos. Es la herencia física y fisiológica que viaja de generación en generación. Es el código de información con las instrucciones de cómo debe desarrollarse un ser vivo desde su concepción hasta morir, en un contexto determinado.

El descubrimiento de las cuatro bases nitrogenadas (A, T, C y G) abrió la puerta a la ingeniería genética y la capacidad de modificar características genéticas de organismos vivos, incluyendo a los seres humanos.

Adenina→A

Timina→T

Citosina→C

Guanina→G

Al combinarse estas 4 bases se va codificando la información genética de cada ser vivo. A modo muy simplificado, el ADN de un ser humano puede tener la siguiente forma ATGCTAGATCGCGATATGCTAG...

Ahora bien, dependiendo del orden en el que se encuentren las bases nitrogenadas A, T, C y G, se almacena la información en cada célula del cuerpo, proporcionando instrucciones sobre nuestro crecimiento, defensa contra enemigos naturales y el funcionamiento inconsciente de nuestro organismo.

La ingeniería genética está abriendo nuevos campos de negocio, como la producción de tejidos celulares para la creación de órganos humanos, la capacidad de prevenir enfermedades mediante la modificación de genes causantes de las mismas, y la obtención de especies vegetales y animales con nuevas capacidades beneficiosas para los seres humanos (como bacterias productoras de nylon o tomates con cáscaras más resistentes a plagas y heladas). Esta capacidad de intervenir en la evolución, impidiendo que la selección natural actúe libremente, y seleccionar las características genéticas que consideremos apropiadas, representa uno de los últimos saltos evolutivos del ser humano. Juan Enríquez ha denominado a este nuevo ser humano "homo evolutis".

El avance tecnológico en el campo de la genética es tan significativo que investigadores de la Universidad de Harvard, como George Church y SriromKosuri, han logrado almacenar un libro en una molécula de ADN. Los discos compactos y las memorias USB pronto serán cosas del pasado. Aunque actualmente el almacenamiento en moléculas de ADN presenta desafíos en cuanto a su costo tanto de grabación como de lectura, es probable que en un futuro cercano esta tecnología se masifique (Sampedro, 2012).

En todos estos casos, los códigos de información han sido esenciales para facilitar la evolución y el progreso en distintos campos de la ciencia, la tecnología y la sociedad. Estos códigos han permitido almacenar, procesar y transmitir grandes volúmenes de información de manera más eficiente y efectiva, lo que ha sido clave para alcanzar nuevos niveles de conocimiento y desarrollo en la humanidad.

1.4 LA PROPIEDAD PRIVADA

Es cierto que el respeto a la propiedad privada ha sido fundamental en el modelo capitalista y ha contribuido a su éxito en muchos lugares del mundo. El hecho de que las personas puedan adquirir bienes y servicios, con la seguridad de que no serán expropiados, fomenta la acumulación de riqueza y el esfuerzo por obtener más.

Con el desarrollo de la sociedad y la economía, la noción de propiedad se ha extendido más allá de los bienes tangibles y ha surgido la propiedad intelectual como un concepto importante. La protección de la propiedad intelectual abarca áreas como el software, la música, las películas y otros productos creativos. En estos casos, las empresas y los creadores invierten recursos y tiempo en el diseño y la producción de dichos productos, y el derecho de autor (copyright) busca asegurar que puedan obtener beneficios por su uso.

Sin embargo, también existe un debate en torno a la propiedad intelectual. Algunas personas argumentan que el conocimiento y la creatividad son el resultado de miles de años de desarrollo humano y de las contribuciones de numerosos individuos a lo largo del tiempo. Desde esta perspectiva, consideran que el conocimiento no debería ser propiedad exclusiva de alguien, y abogan por el copyleft, que promueve el libre acceso y uso del conocimiento.

Es importante encontrar un equilibrio en el tema de la propiedad intelectual. Por un lado, es crucial incentivar la creatividad y la innovación, reconociendo los derechos de los creadores y permitiéndoles obtener beneficios por su trabajo. Por otro lado, es necesario garantizar un acceso amplio al conocimiento y fomentar la colaboración y el avance colectivo.

El debate sobre la propiedad privada y dentro de ella, la propiedad intelectual es complejo y está en constante evolución. La legislación y las normativas al respecto deben adaptarse a los cambios sociales, tecnológicos y culturales para encontrar soluciones equitativas y sostenibles.

La expansión de la propiedad intelectual a la genética y las plantas modificadas genéticamente plantea desafíos éticos y sociales. Si bien estas tecnologías pueden tener beneficios potenciales, como un mayor rendimiento de cultivos y la reducción del hambre en el mundo, también surgen preocupaciones sobre el acceso equitativo a estos avances y los derechos de los campesinos. El convenio UPOV ha permitido la patentación de material genético vegetal modificado, lo que ha generado controversias sobre los derechos de los campesinos y el libre intercambio de semillas. La introducción de semillas "terminator" o tecnologías de restricción de uso genético ha sido especialmente polémica, ya que impide a los campesinos utilizar y compartir libremente sus propias semillas guardadas, creando una dependencia con las empresas, limitando su autonomía.

El conflicto radica en encontrar un equilibrio entre la protección de los derechos de propiedad intelectual de las empresas y el derecho de los campesinos al libre intercambio de semillas que han cultivado durante generaciones. Se deben buscar soluciones que permitan a los campesinos utilizar y compartir libremente las semillas, al mismo tiempo que se reconozcan los derechos de propiedad intelectual de las empresas. Para abordar esta problemática, es fundamental promover el acceso equitativo a las mejoras genéticas y asegurar que los beneficios de la modificación genética de las plantas lleguen a quienes más lo necesitan, especialmente en regiones con inseguridad alimentaria. Se pueden explorar acuerdos y regulaciones que equilibren los intereses de todas las partes involucradas, con el objetivo de asegurar que la tecnología genética beneficie a la sociedad en su conjunto.

Es cierto que los recursos estratégicos como el agua, los alimentos y ahora el material genético puede desempeñar un papel importante en las futuras disputas y conflictos. El control sobre estos recursos, a través de la propiedad privada, puede influir en el comportamiento humano y beneficiar a aquellos que los controlan, lo que a su vez requerirá de personas que ayuden a mantener el control adquirido.

La modificación genética y los avances en la medicina y la biotecnología representan sin duda un salto evolutivo significativo en la mejora de la salud y el bienestar humano. La posibilidad de eliminar enfermedades genéticas y desarrollar terapias innovadoras a partir de la modificación genética ofrece nuevas perspectivas para el tratamiento y curación de enfermedades que antes eran consideradas incurables. Esto puede marcar una gran diferencia en la calidad de vida de las personas y reducir el sufrimiento humano, siempre y cuando estas tecnologías sean accesibles para la mayoría de la población.

El concepto de "Homo Evolutis" plantea una visión interesante sobre cómo la modificación genética nos permite tomar el control de nuestra propia evolución. Históricamente, la selección natural estaba a cargo de la naturaleza, pero ahora los avances en la modificación genética nos brindan la oportunidad de influir en nuestra evolución como especie. Esto abre nuevas posibilidades para el desarrollo de soluciones innovadoras en el campo de la salud y el bienestar.

Sin embargo, es cierto que detrás de estos avances hay una gran inversión en dinero, tiempo y esfuerzo por parte de investigadores y científicos. La propiedad privada es un incentivo importante que permite recompensar y motivar estos esfuerzos. No obstante, también es necesario encontrar un equilibrio que permita que una vez pagados los derechos y las patentes, estos avances puedan beneficiar a la humanidad en su conjunto y no queden como un privilegio para unos pocos. El tema de la propiedad intelectual y la inteligencia artificial también es relevante. Las plataformas de IA, como Chat GPT o Bard, se alimentan de un vasto conocimiento de diversas fuentes para operar eficazmente. Es necesario evaluar cómo se ha obtenido y utilizado este conocimiento, y si los creadores originales han sido adecuadamente reconocidos y recompensados por sus contribuciones. La discusión sobre la propiedad privada versus el dominio público del conocimiento es crucial para garantizar un equilibrio entre los intereses comerciales y el acceso abierto al conocimiento para el beneficio de toda la humanidad.

1.5 ABANDONAR EL PETRÓLEO

Transitar desde el petróleo a energías más limpias será, probablemente, será el salto evolutivo que nos tocará experimentar. La transición del petróleo hacia el hidrógeno verde es un proceso histórico en desarrollo, impulsado por la necesidad de abordar los desafíos del cambio climático y avanzar hacia una economía más sostenible y libre de carbono. El hidrógeno verde se produce a través de la electrólisis del agua utilizando energía renovable, como la solar o eólica. Al ser una fuente de energía limpia y no generar emisiones de carbono durante su uso, puede ser una alternativa a los combustibles fósiles y contribuir a la descarbonización de la economía, reduciendo la dependencia de los combustibles fósiles y mitigando el cambio climático.

Alrededor del año 2002, Jeremy Rifkin propuso la idea de basar la economía en la producción, almacenamiento y combustión del hidrógeno como alternativa al uso del petróleo (Rifkin, 2007). El agua se descompone mediante energía eléctrica, obteniendo hidrógeno y oxígeno en forma de gas. El hidrógeno puede ser almacenado de manera similar al gas licuado utilizado en los hogares. La energía eléctrica necesaria se obtendría a partir del sol, el viento y el agua en movimiento. Desde un punto de vista químico, estas ideas se pueden resumir en las siguientes ecuaciones simplificadas:

Obtención del hidrógeno:

H_2O + Energía eléctrica → H_2 + O_2

Al aplicar electricidad al agua, se obtiene hidrógeno y oxígeno en forma de gas. El hidrógeno puede ser almacenado en tanques, mientras que el oxígeno puede ser liberado al aire. Esta tecnología existe desde hace muchos años. Por ejemplo, las empresas que producen aceite para freír alimentos han estado obteniendo hidrógeno para separar los compuestos de hidrocarburo presentes en el aceite, rompiendo los enlaces químicos y separando el aceite de la grasa.

Si el hidrógeno se utiliza como fuente de energía, su combustión produce agua como residuo. Esto se representa en la siguiente ecuación:

Combustión del hidrógeno:

$H_2 + O_2$ + Chispa → H_2O + Energía calórica

A partir del hidrógeno almacenado, mezclado con el oxígeno presente en el aire y mediante una chispa, se quema el hidrógeno, produciendo agua y liberando energía calórica. El hidrógeno también se ha utilizado como combustible en dirigibles, aunque algunos incidentes ocurrieron debido a problemas de diseño. A diferencia del petróleo, que ha tardado miles de años en formarse a partir de árboles fosilizados, el proceso de orden-desorden asociado al hidrógeno es mucho más rápido. Además, el residuo resultante es agua, que puede ser utilizada nuevamente para obtener el mismo combustible (hidrógeno) mediante la aplicación de energía eléctrica.

Las tecnología de varios tipos de energías más limpias existen de hace décadas, parece obvio hacer el cambio rápido y reducir los efectos del cambio climático. Cada año los veranos se viven con temperaturas más altas y también, las inundaciones u otros eventos naturales. ¿Por qué ha sido difícil cambiar a energías más limpias? Esto se explica porque los saltos evolutivos son resistidos, incluso teniendo la información científica que los demuestre.

Las empresas petroleras y países petroleros, que a menudo se agrupan como el "cartel del petróleo", tienen un interés financiero y económico en mantener su posición dominante en el mercado de los combustibles fósiles. La transición hacia fuentes de energía más limpias y sostenibles, como el hidrógeno verde y otras energías renovables, representa una amenaza para sus negocios y economías basadas en el petróleo. A pesar de esta resistencia, seguramente el salto evolutivo donde el petróleo se cambie por energías más limpias igual se va a dar y se generaran nuevas tecnología, nuevos trabajos, nuevas carreas universitarias nuevas infraestructuras y formas nuevas de organizaciones.

Es importante destacar que no todas las empresas petroleras y países petroleros se oponen a la transición energética. Algunas de ellas están diversificando sus carteras de energía y están invirtiendo en energías renovables y tecnologías limpias. Por ejemplo, Arabia Saudita cuenta con un amplio potencial para la energía solar debido a su ubicación geográfica y abundante luz solar. El país ha puesto en marcha varios proyectos de energía solar a gran escala, incluyendo plantas solares fotovoltaicas y termosolares. Uno de los ejemplos más destacados es la planta de energía solar Noor Abu Dhabi, una de las plantas solares más grandes del mundo, que fue desarrollada por una empresa saudita en colaboración con los Emiratos Árabes Unidos. Si bien, Arabia Saudita ha comenzado a avanzar hacia la diversificación energética, su economía sigue dependiendo en gran medida de los ingresos petroleros. La transición hacia una matriz energética más sostenible y limpia puede llevar tiempo y requerir cambios significativos en la estructura económica del país.

Otras estrategias para evitar el salto evolutivo desde el petróleo a energías más limpias tiene que ver con desacreditar cierto tipo de información. Existe un debate en torno al cambio climático, y algunas personas y políticos han cuestionado la influencia humana en este fenómeno. Sin embargo, la gran mayoría de la comunidad científica está de acuerdo en que el cambio climático actual es impulsado principalmente por la actividad humana, especialmente las emisiones de gases de efecto invernadero provenientes de la quema de combustibles fósiles como el petróleo, el gas natural y el carbón. El Panel Intergubernamental sobre el Cambio Climático (IPCC), creado por la Organización Meteorológica Mundial y el Programa de las Naciones Unidas para el Medio Ambiente, es el principal organismo internacional que evalúa la ciencia del cambio climático y sus impactos. Los informes del IPCC han sido elaborados por cientos de científicos expertos en el tema y han concluido que la actividad humana es la principal causa del calentamiento global y el cambio climático observado.

A pesar de estos estudios, existen estrategias para desacreditar la información sobre el cambio climático y la influencia humana. A menudo se basan en la difusión de información errónea o sesgada, y en algunos casos pueden estar impulsadas por intereses económicos o políticos que tienen mucho que perder si se toman acciones para reducir las emisiones de gases de efecto invernadero y transicionar hacia fuentes de energía más limpias. En cualquier caso, la transición del petróleo a energías limpias es un ejemplo de salto evolutivo de la humanidad, el cual está en proceso y hoy somos actores de este salto evolutivo.

Hasta ahora se han mostrado ejemplos de saltos evolutivos que ya son historia. Este caso se presenta para que puedas poner mayor atención y reflexionar sobre los factores que impulsan los saltos evolutivos y aquellos que los retrasan. Es claro que los combustibles fósiles todavía son ampliamente utilizados y están integrados en la infraestructura energética existente y las energías limpias, aunque más limpio y sostenible, enfrenta una competencia desafiante en términos de costos y conveniencia. No obstante, el factor más importante es el cambio de paradigma de los dueños del petróleo, en cuanto de la forma de generación energética. Si ellos lideraran el cambio, también podrían beneficiarse con las energías limpias.

1.6 EL TRANSHUMANISMO, ¿EL ÚLTIMO SALTO EVOLUTIVO DE LA HUMANIDAD?

Otro ejemplo de salto evolutivo significativo para la humanidad, que recién está naciendo, es el transhumanismo y plantea cuestiones importantes sobre la naturaleza humana, la igualdad y el futuro de la sociedad en un mundo cada vez más impulsado por la tecnología.

El transhumanismo es un movimiento filosófico y cultural que se ha vuelto cada vez más relevante en la sociedad moderna. Su objetivo principal es el mejoramiento del ser humano a través de la aplicación de tecnologías avanzadas, como la ingeniería genética, la inteligencia artificial y la cibernética (Diéguez, 2017). Una de las metas más ambiciosas del transhumanismo es la posibilidad de eliminar el sufrimiento humano, así como también superar el envejecimiento y la muerte. Algunos proponentes argumentan que, mediante la mejora genética y el reemplazo de partes del cuerpo con prótesis y dispositivos inteligentes, los seres humanos podrían alcanzar una especie de inmortalidad o al menos prolongar considerablemente su vida.

El ser humano podría alcanzar niveles de inteligencia y habilidades sobrehumanas mediante la fusión con la inteligencia artificial, los implantes cibernéticos podrían mejorar significativamente las capacidades humanas, como la memoria, el procesamiento de información y la comunicación, permitiendo una simbiosis entre la mente humana y la tecnología. Aunque todo esto se ve atractivo, este año 2023, más de 1.000 expertos pidieron retrasar el uso de la inteligencia artificial por ser una "amenaza para la humanidad", en donde preguntan si ¿Deberíamos desarrollar mentes no humanas que eventualmente podrían superarnos en número, ser más inteligentes, dejarnos obsoletos y reemplazarnos? (BBC News Mundo, 2023).

La discusión ha comenzado. Los defensores del transhumanismo ven en estas tecnologías la posibilidad de solucionar muchos problemas y mejorar la calidad de vida de las personas. Sin embargo, también hay críticos que se preocupan por las implicaciones éticas y sociales, como la brecha entre aquellos que podrán pagar por estas tecnologías y aquellos que no, así como las implicaciones de la dependencia excesiva en la tecnología para la vida humana.

Una lista más detallada de los miedos actuales al transhumanismo tiene que ver con:

- ✓ Pérdida de empleos y cambio en el mercado laboral: La automatización y la inteligencia artificial pueden generar la pérdida de empleos y transformación en la lógica del trabajo.
- ✓ Pérdida de identidad humana: Existe el temor de que con la integración de tecnologías avanzadas, los seres humanos pierdan su esencia y se conviertan en algo diferente, dejen de ser seres humanos.
- ✓ Dependencia de la tecnología: Que las personas se vuelvan tan dependientes de la inteligencia artificial y las mejoras tecnológicas que pierdan la capacidad de pensar y resolver problemas por sí mismos.
- ✓ Desigualdad social: Que las mejoras tecnológicas solo estén disponibles para aquellos que puedan pagarlas, lo que podría generar una brecha entre aquellos que pueden permitirse mejoras y aquellos que no, aumentando la desigualdad social.
- ✓ Control y manipulación: Las tecnologías avanzadas podrían ser utilizadas para el control y manipulación de las personas, ya sea por parte de gobiernos, corporaciones o grupos de poder.
- ✓ Ética y privacidad: La creación de nuevos seres humanos por modificación del ADN humano o el acceso a información personal y sensible.
- ✓ Superación de la humanidad por las máquinas: El temor a que en algún momento las máquinas y la inteligencia artificial superen la inteligencia y habilidades humanas, tomado el control.

Este último punto es como la película "Terminator", donde, en un futuro apocalíptico, las máquinas inteligentes tomaron el control del mundo y declararon la guerra a la humanidad. La trama toca temas como la inteligencia artificial, el destino y la lucha de la humanidad por sobrevivir.

Como se observa, esto está comenzando, hay muchas incertidumbres, hay grupos a favor y grupos en contra, como suele ocurrir con los saltos evolutivos. Cuando se presentan saltos evolutivos o cambios disruptivos en la sociedad, es común que surjan diferentes opiniones y reacciones entre las personas. La incertidumbre es una característica común en los momentos de transición y cambio, ya que las personas se enfrentan a lo desconocido y deben adaptarse a nuevas realidades. La historia nos ha demostrado que los saltos evolutivos pueden ser desafiantes, pero también ofrecen grandes oportunidades para el avance y el desarrollo humano.

Si bien, se han mostrado distintos ejemplos, principalmente de saltos evolutivos a nivel social, las dinámicas de los saltos evolutivos en el ámbito personal, profesional y de los negocios es muy similar. Por eso, es importante que si quieres avanzar y dar algún salto evolutivo en tu vida, puedas identificar los factores que impulsan esos cambios y aquellos que los retrasan y los evalúes para tomar la mejor decisión. Eso sí, si das el salto, nada volverá a ser como antes y por supuesto, la idea es que eso siempre sea mejor para ti que el estado anterior.

2 PRINCIPIOS DE LA INTELIGENCIA EVOLUTIVA

La inteligencia evolutiva, se sustenta en principios y axiomas que nos permiten potenciar nuestro crecimiento y desarrollo a lo largo de la vida. Los saltos evolutivos son grandes cambios que causan impacto en nuestra vida y generan efectos a largo plazo. Estos cambios pueden ser desafiantes, ya que muchas veces implican modificar nuestros modelos mentales o paradigmas para adaptarnos a un nuevo contexto o una nueva forma de ver las cosas.

El nuevo contexto evolutivo puede ser elegido por nosotros o puede ser impuesto por circunstancias externas, pero lo relevante es que, estando en ese contexto, saquemos el máximo provecho posible. Se trata de aprender a adaptarnos y aprovechar las oportunidades que se nos presenten, incluso en situaciones desafiantes. La idea central de la inteligencia evolutiva es que estos saltos evolutivos nos lleven a mejorar nuestra calidad de vida y nos permitan disfrutar plenamente de las experiencias de la vida. Para lograrlo, la inteligencia evolutiva nos brinda estrategias para reducir o eliminar los límites que nos impiden dar esos saltos, aprovechando las leyes de la evolución, tales como la adaptación permanente a los cambios del entorno.

Estos principios son inherentes a nuestra existencia y nos afectan de diversas maneras, pero al comprenderlos y asumirlos, podemos desarrollar habilidades y actitudes que nos permitan superar obstáculos y crecer de manera continua.

La inteligencia evolutiva es una invitación a mirar la vida desde una perspectiva más amplia y enriquecedora, a abrazar los cambios y desafíos como oportunidades de crecimiento y a vivir plenamente cada momento. A través de la adaptación y la superación de limitaciones, podemos evolucionar constantemente y disfrutar de este viaje que es la vida.

2.1 *LA EVOLUCIÓN NO TIENE UNA META*

En este trabajo, concebimos la evolución como un proceso no lineal, lo cual implica que no tiene un punto de llegada predefinido. En el contexto del ser humano, nacemos sin conocer cuál es nuestra misión o propósito, y desconocemos si existíamos antes de nuestro nacimiento o cuál será nuestro destino en el futuro. Las diferentes visiones ideológicas, religiosas y científicas ofrecen respuestas parciales a estas incógnitas, pero ninguna proporciona una solución completa. Así, nos vemos en la tarea de construir nuestro propio destino, buscando respuestas en distintas corrientes espirituales y forjando nuestro propio camino evolutivo.

Esta complejidad hace que resulte imposible afirmar que la evolución humana siga una línea recta y clara. Los líderes, ya sean políticos, empresariales, académicos o religiosos, pueden llevarnos en direcciones diversas, avanzando hacia un horizonte determinado y luego retrocediendo. La historia nos ha mostrado imperios que florecieron y luego desaparecieron, donde sus líderes y seguidores creían estar tomando las mejores decisiones, pero ¿hacia dónde se estaban dirigiendo realmente?

Las dos guerras mundiales nos demuestran cómo, después de invertir tiempo, energía y poner lo mejor del intelecto en esa época para avanzar en civilizaciones más avanzadas, el resultado final fue la destrucción. El desarrollo de la física y la química fue muy importante en Alemania. Muchos se han preguntado, ¿cómo una sociedad tan refinada en su tiempo destruyó no solo su país sino una parte importante del mundo? Sumado a esto, después de la Segunda Guerra Mundial, la carrera armamentista de las potencias victoriosas terminó desarrollando la bomba atómica.

Hoy estamos viviendo un contexto similar, donde a pesar de todo el desarrollo tecnológico, no somos capaces de hacer frente al cambio climático. La resistencia al cambio hacia nuevas tecnologías limpias, debido al uso del petróleo y otros combustibles fósiles, obstaculiza la solución al problema. Aunque la Revolución Industrial permitió resolver muchos problemas y mejorar la calidad de vida, esta forma de vivir ya no es sostenible para nuestro planeta. El cambio climático, el aumento de las temperaturas y las inundaciones que causan destrucción y pérdida de vidas son evidencias de esta problemática.

Observando las conductas humanas, aparecen hipótesis sobre si antes existió una civilización igual o más avanzada que la actual, pero que no logró adaptarse a un medio ambiente cambiante y desapareció. Si bien no hay evidencia concluyente al respecto, las construcciones en ruinas en todo el mundo o la existencia de técnicas de construcción similares separadas por miles de kilómetros de distancia sugieren que pudo haber existido una civilización avanzada, pero que, debido a la falta de inteligencia evolutiva, desapareció. (Pooyard & Grimault, 2016).

Para Darwin la evolución no tiene un fin o una meta a la cual llegar, simplemente ante un contexto determinado las especies vidas generan sus mejores estrategias para adaptarse a ese nuevo contexto. Esta misma idea la refirma Thomas Kuhn cuando habla de las revoluciones científicas y los cambios de paradigmas. "El origen de las especies no reconocía meta alguna establecida por Dios o por la naturaleza. Por el contrario, la selección natural, al operar en un medio dado y con los organismos presentes de hecho en él, era la responsable del surgimiento gradual pero continuo de los organismos más complejos, más articulados y muchísimo más especializados" (Kuhn, 1971, pág. 287).

La evolución de las personas, las organizaciones o sociedades no debe medirse únicamente en términos de comparación con otras, sino en su capacidad para enfrentar los desafíos actuales y futuros, promoviendo un desarrollo sostenible, inclusivo y respetuoso con su entorno y las diversas culturas que la conforman. Cada persona, organización o sociedad tiene la responsabilidad de encontrar su propio camino hacia un futuro próspero y equitativo.

Países latinoamericanos, a menudo, se comparan países "desarrollados" de Europa, llegando a la conclusión que Latinoamérica es más atrasada. Cada región tiene su propio contexto histórico y desafíos únicos que han moldeado su evolución a lo largo del tiempo. La colonización y la llegada de una importante cantidad inmigrantes con poca educación formal han tenido un impacto significativo en el desarrollo de Latinoamérica. Es cierto que Europa y Estados Unidos han sido centros de desarrollo tecnológico e industrial, pero también han generado problemas ambientales y de sostenibilidad en la actualidad. Por otro lado, en Latinoamérica, existen pueblos indígenas que han mantenido prácticas de vida en armonía con la naturaleza, lo que ha generado un enfoque más sostenible y respetuoso con el medio ambiente, apostando por vidas más sencillas y con menor consumismo. De hecho, investigadores europeos están estudiando los modelos de vida indígena con el fin de corregir los modelos de desarrollo predominantes y que están causando crisis ambientales.

Tampoco Europa es un buen ejemplo de paz, no pueden enorgullecerse demasiado considerando las dos guerras mundiales en las que fue protagonista, con millones de personas muertas y grandes destrucciones. En lugar de aspirar a ser como Europa o cualquier otra región, es importante reconocer y valorar las fortalezas y riquezas propias de tu territorio. Cada región tiene su propia identidad y contribución única al mundo. Es fundamental que las sociedades se enfoquen en su propio crecimiento y desarrollo, abordando los desafíos particulares que enfrentan y buscando soluciones adaptadas a sus realidades.

Esta misma mirada debemos tener frente a nuestra vida personal o los proyectos que aspiramos a desarrollar. Encontrar tu propio propósito a partir del contexto que te toca vivir y las oportunidades de cambio a tu favor. No hay un meta definida por nadie, tú debes definirla.

El concepto de selección natural y evolución sin una meta predeterminada puede resultar desafiante para algunas personas, ya que contradice la idea de un propósito divino o de un plan predeterminado para la creación de las especies. Sin embargo, esta visión científica ha sido respaldada por una gran cantidad de evidencia y es ampliamente aceptada en la biología y la ciencia en general.

Ahora bien, esta aparente dificultad también representa una oportunidad. La flexibilidad del camino evolutivo nos permite cambiar y dar saltos significativos que nos permitan sobrevivir y, con suerte, trascender durante el máximo tiempo posible y en diversos lugares. La historia evolutiva de la humanidad no sigue una trayectoria predeterminada; es un camino que puede torcerse, dar marcha atrás o comenzar nuevamente. Así también, tu historia evolutiva personal tampoco se encuentra predefinida ni sigue un camino fijo. Cada día tienes la oportunidad de buscar ese punto final al cual aspirar y avanzar hacia él, sin importar si debes retroceder en algún momento o explorar nuevas rutas, lo importante es atreverte a avanzar hacia nuevos desafíos que harán tu camino más intenso y entretenido. Dar los saltos evolutivos que sean necesarios para acercarte a ese punto final que has definido para tu vida y para tu muerte.

2.2 *EL CONTEXTO EVOLUTIVO NUNCA DEJA DE CAMBIAR*

Los contextos cambian de manera constante y pueden experimentar variaciones tanto graduales como abruptas, dependiendo de los ciclos evolutivos y de los factores que influyan en ellos. La velocidad de los cambios puede ser muy variable, y estos cambios pueden manifestarse en diferentes ámbitos, como la sociedad, la tecnología, la economía, los negocios o en tu vida personal.

En el ámbito de la sociedad, los cambios pueden estar asociados a lo que Thomas Kuhn denominó "paradigmas", que son conjuntos de creencias, valores y conocimientos compartidos que dan forma a la manera en que entendemos y percibimos el mundo en un momento dado (Kuhn, 1971). A nivel individual, podemos referirnos a estos paradigmas como "modelos mentales", que son los esquemas mentales que cada persona utiliza para interpretar y comprender la realidad. (Senge, 1999).

Estos modelos mentales o paradigmas se adaptan de manera eficiente a un contexto determinado, pero cuando dicho contexto cambia, puede surgir una lucha por cambiar el paradigma o el modelo mental establecido por uno nuevo que se ajuste mejor a la nueva realidad. Esta lucha por cambiar lo antiguo por lo nuevo puede generar un aumento en la velocidad del cambio, ya que implica un conflicto y una competencia por la aceptación de nuevas ideas. Es importante estar consciente de estos procesos de cambio y evolución, tanto a nivel social como individual, para poder adaptarnos de manera adecuada a las nuevas circunstancias. Escuchar este conflicto interno y estar dispuestos a aprender y cambiar nuestros modelos mentales cuando sea necesario nos permitirá evolucionar y enfrentar nuestros desafíos de una manera más eficaz y eficiente.

En este sentido, la inteligencia evolutiva, nos brinda estrategias para reducir o eliminar aquellos límites que nos impiden dar saltos evolutivos y aprovechar las oportunidades del nuevo contexto. Adaptar nuestros modelos mentales y paradigmas a los nuevos contextos es una parte fundamental de este proceso.

Entender nuestro contexto evolutivo implica comprender la relación entre el "yo" y su "entorno". Ambos elementos están interconectados y en constante cambio, influyéndose mutuamente y adaptándose en el tiempo. La frontera que separa el yo del entorno no es estática y puede variar según la definición que cada persona establezca en términos de dónde quiere influir o desarrollarse. También, la frontera del contexto evolutivo puede ampliare o achicarse.

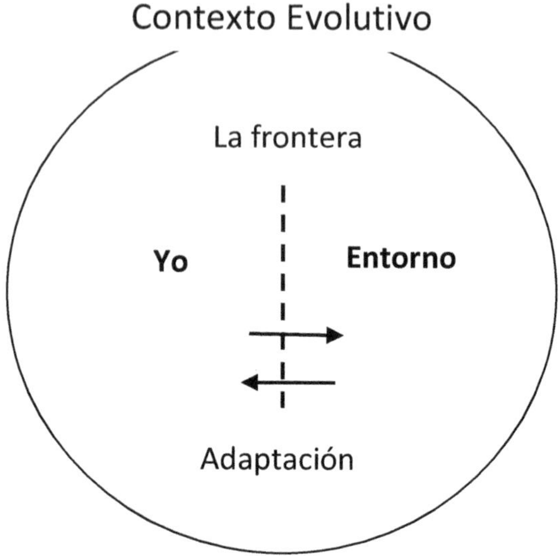

El "yo" puede ser tú como persona. También puede representar a una empresa o incluso a un país. Todo lo que rodea a ese "yo" es su entorno, pero con un límite de influencia. Ahora bien, la frontera del "yo" está definida por el espacio o por las cosas sobre los cuales tengo influencia y control.

Por ejemplo, si en el contexto evolutivo el "yo" representa a una persona y esta persona está dentro de una habitación aislada, su entorno será el espacio de la habitación y todas las cosas que están dentro de ella. Si esta persona va a su trabajo, los límites de su entorno se amplían, ya que ahora, además de su habitación, también interactuará con el medio de transporte, sus colegas y su jefe. Al interactuar con sus colegas, estos influirán en la persona, obligándola a adaptarse.

Si el "yo" es una empresa nacional, entonces su entorno puede estar delimitado por los límites geográficos del país donde se encuentra, así como por sus clientes, proveedores, competidores, instituciones recaudadoras de impuestos y lugares naturales de donde extrae materias primas. Los clientes influyen en las decisiones de la empresa y la empresa también influye en los clientes, lo que obliga a la empresa a adaptarse ante los cambios del entorno. Si esta misma empresa se convierte en una empresa transnacional, su entorno se ampliará mucho más, con clientes diversificados y la aparición de nuevas instituciones y organizaciones con las cuales deberá relacionarse en los nuevos países. El solo hecho de ampliar su entorno provocará cambios en el contexto, lo que obligará a la empresa a adaptarse y cambiar internamente, contratando más trabajadores o comprando nuevas máquinas para satisfacer el aumento de pedidos de productos. Es posible que también deba expandirse abriendo nuevas oficinas en los nuevos países donde comenzó a operar.

El contexto evolutivo cambió porque la empresa decidió ampliar su entorno, lo que la obligó a cambiar internamente. Sería ilógico que la empresa intentara influir en nuevos mercados sin cambiar nada. Eso no sería inteligencia evolutiva y, de hecho, llevaría al fracaso. También es importante destacar que cuando la empresa abre nuevas oficinas en otros países, está moviendo la frontera que delimitaba la empresa con su entorno, es decir, se mueve la frontera entre el "yo" y el "entorno". Con la contratación de nuevos trabajadores y la apertura de nuevas oficinas, la empresa se complejiza. En definitiva, para poder adaptarse a un entorno mayor y más complejo, la empresa también debe volverse más compleja.

El cambio del contexto evolutivo cambia porque comienza cambiando el entorno o el yo, pero al final, el proceso de adaptación hará que ambos cambien. Ahora bien, el entorno puede cambiar por decisión propia o por obligación. Por su parte, el cumplimiento de nuestros sueños nos obliga a cambiar el contexto y la idea es que ese cambio sea decidido por nosotros, atreverse a dirigir este cambio.

Elige tu juego, elige el campo donde jugar y si no eres bueno en dicho juego, inventa un juego nuevo donde tengas más probabilidades de ganar.

Históricamente, el ser humano ha buscado extenderse más allá de su entorno conocido. Expediciones como la de Cristóbal Colón, los viajes a la Luna y a Marte son ejemplos de donde ampliamos nuestro entorno, eso implica cambiar, inventar nuevas tecnologías para adaptarnos, nuestro entorno evolutivo cambió. Además, las sociedades más desarrolladas han adoptado estrategias expansionistas para conquistar nuevos territorios y mercados. Esto se debe a que si una sociedad decide no expandirse, corre el riesgo de ser conquistada por otras.

El ser humano ha ampliado su entorno, desde ser consciente de su existencia hasta expandir su conocimiento a otros planetas o galaxias, y luego adentrarse en el mundo de las células, moléculas, átomos y partículas subatómicas. Por ejemplo, un físico cuántico se dedica al estudio de partículas y ondas generadas por esas partículas, con el objetivo de desarrollar nuevas tecnologías. Si alguien está familiarizado con el trabajo de un físico cuántico, se dará cuenta que su entorno de influencia es bastante reducido en comparación con el tamaño de nuestro cuerpo, el planeta Tierra o el Sol. Sin embargo, ese mundo pequeño se vuelve cada vez más complejo a medida que se profundiza en el estudio, el entorno no crece físicamente pero aumenta su nivel de complejidad. Al mismo tiempo, para conocer y adaptarse a este nuevo entorno, el físico aumenta su complejidad. Observe las diversas áreas del conocimiento que estos físicos estudian, desde matemáticas básicas hasta cálculo diferencial, geometría, física, química y muchas otras disciplinas.

Las herramientas y tecnologías creadas por el ser humano han sido clave en el proceso evolutivo, obligándonos a complejizar nuestro conocimiento. Aunque no formen parte de nuestro cuerpo, nos han permitido resolver una amplia gama de problemas y dar saltos evolutivos porque facilitan nuestra adaptación. Marshall McLuhan planteó la idea de que las tecnologías son extensiones de nuestro cuerpo y nuestros sentidos, lo que significa que nos ayudan a ampliar nuestras capacidades y experiencias (McLuhan, 1969). Los medios de comunicación, como Internet, son ejemplos claros de cómo estas extensiones nos permiten crecer y evolucionar.

La valentía de buscar nuevos horizontes y adaptarse proactivamente al entorno es clave para el desarrollo personal y el éxito en cualquier ámbito de la vida. Esperar a que el entorno cambie sin tomar acción puede llevarnos a quedar rezagados y perder oportunidades de crecimiento y evolución. En lugar de ser pasivos ante los cambios, es importante estar preparados y equipados con el conocimiento y las tecnologías necesarias para enfrentar los desafíos que se presenten.

La adaptación no solo se refiere a ajustarse a los cambios, sino también a ser proactivos en la búsqueda de nuevas oportunidades y mercados. Como individuos, debemos estar dispuestos a aprender y adquirir nuevas habilidades, estar abiertos a la innovación y la creatividad, y estar dispuestos a salir de nuestra zona de confort para enfrentar los desafíos que se presenten. En el ámbito empresarial, la adaptación es igualmente importante. Las empresas deben estar dispuestas a explorar nuevos mercados, adoptar nuevas tecnologías y estrategias, y anticiparse a las tendencias del mercado. Aquellas que sean más ágiles y flexibles en su enfoque serán las que tengan más posibilidades de prosperar en un entorno en constante cambio.

2.3 *LA OMNIPRESENCIA DEL COMPETIDOR*

La competencia y por lo tanto, la presencia del competidor son elementos que existen en todos los lugares y tiempos de la historia humana. Desde los albores de la civilización hasta los tiempos actuales, el deseo de sobresalir y destacar ha impulsado a individuos y grupos a participar en diversas formas de competencia.

En el mundo natural, la competencia es una fuerza impulsora para la supervivencia y la evolución. Los seres vivos compiten por recursos como alimento, agua, territorio y pareja, lo que garantiza la selección natural de los más aptos y la perpetuación de las especies. En la sociedad humana, la competencia se manifiesta en diversas esferas. En el ámbito económico, las empresas compiten por clientes y mercados, lo que fomenta la innovación y el desarrollo de productos y servicios más eficientes y atractivos. Los individuos también compiten en el ámbito laboral, buscando destacar y obtener mejores oportunidades profesionales.

En el deporte, los deportistas se esfuerzan por alcanzar la victoria, superar récords y demostrar su destreza y habilidades físicas, aunque el deporte a diferencia de otros contextos es una "**competencia artificial**". Esto, porque en el ámbito deportivo, se establecen reglas y normas muy claras que todos los participantes deben respetar estrictamente. De lo contrario, se enfrentarán a sanciones que pueden incluir desde la pérdida de puntos hasta la expulsión del juego o incluso descalificación del evento. Además, la competencia en el deporte busca asegurar la equidad, el juego limpio y la seguridad de los atletas. Al tener reglas establecidas, se crea un marco justo en el cual los deportistas pueden competir de manera segura y en igualdad de condiciones. Esto permite que el foco esté en la habilidad, el talento y el esfuerzo de los competidores, en lugar de en tácticas desleales o trampas para ganar. Por este motivo, le denominamos "competencia artificial" al contexto donde se desarrolla un deporte. Esto sería ideal si se aplicara en todos los ámbitos de la vida, sin embargo, romper las reglas y actuar deslealmente es mucho más común y realista. Además, la competencia deportiva se rige por un sistema de jueces y árbitros imparciales, cuya función es asegurar el cumplimiento de las reglas y resolver disputas en el terreno de juego. Su presencia garantiza que todos los participantes se adhieran a las mismas normas y que cualquier violación sea sancionada adecuadamente.

Como se puede ver, además de los aspectos positivos, la competencia también puede generar tensiones y conflictos. La rivalidad desmedida puede llevar a comportamientos poco éticos o incluso a la búsqueda de ventajas injustas. Por ejemplo, en el ámbito social, la competencia por recursos limitados, como el poder político o los bienes escasos, ha sido fuente de conflictos históricos y disputas entre naciones y grupos sociales, generando guerras.

A partir de las ideas del libro "El Arte de la Guerra" de Sun Tzu (Ayllón, 1999), podríamos identificar algunas variables relevantes. En la guerra, mi ejército debe luchar con el ejército enemigo (**competidor**), ganando terreno (**recursos**) y así, ampliar la conquista. Ganar terreno significa también ir tomando el control de los recursos existentes allí, de hecho esa es la motivación, tanto de mi ejército como del enemigo. Ahora bien, ambos deberán competir bajo ciertas condiciones atmosféricas (**Entorno**), como el sol, la lluvia, la nieve o la tormenta y algunos de los ejércitos estará mejor preparado para unas condiciones meteorológicas, más que otras. Dentro de la evolución social, en su esencia la guerra no ha cambiado mucho, desde Gengis Kan, pasando por la segunda guerra mundial, ha sido controlar recursos estratégicos.

En el ámbito individual y de los negocios, existen conceptos similares, pero con otros nombres. Tanto la empresa competidora como mi empresa, lucharán por conquistar el mercado, con el fin de obtener el dinero de los consumidores allí presentes. Estas batallas se harán bajo ciertas condiciones económicas. Por ejemplo, cuando haya crecimiento o recesión; como también, podría ser en países con bajo o alto nivel de corrupción política. Considerando el modelo anterior, mi empresa podría formular una estrategia comunicacional para convencer a los consumidores sobre las bondades de mis productos y servicios. Por su parte, la empresa competidora también formulará su estrategia comunicacional. Con las dos propuestas comunicacionales, los consumidores deberán decidir a quién comprar. En consecuencia, no sólo importa el esfuerzo hecho por mi empresa, debido a que el resultado final también dependerá de la creatividad de la empresa competidora. En ocasiones vemos organizaciones o personas ineptas, decidiendo aspectos importantes, esto porque simplemente no había competidores fuertes para ocupar esos puestos, debiendo elegir a "los menos malos".

No hay duda, en todos los ámbitos de vida nos encontraremos con competidores, no estamos solos, siempre existen otros interesados por los mismos recursos. Por eso, es tan importante que conozcas a tu competidor, ya que el resultado final, no sólo dependerá de las estrategias creadas por ti, sino también de la creatividad de tu competidor.

Al interior de la organización es muy frecuente la competencia entre compañeros de trabajo, pudiendo extrapolar la misma triada estratégica.

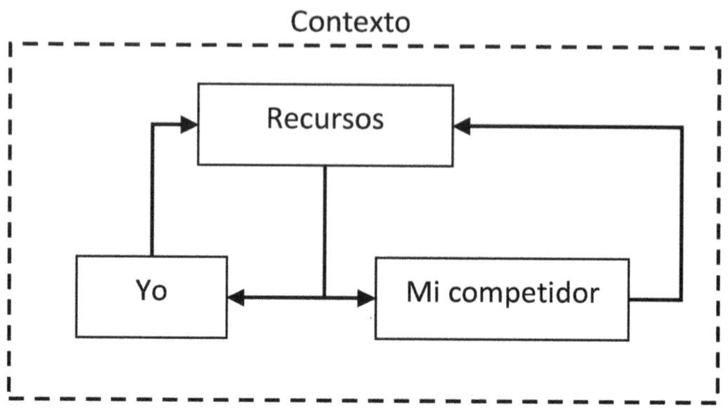

Si te contratan para ocupar un determinado cargo no estarás sólo, tendrá otros compañeros de trabajo y tendrás un jefe. Cuando se presente la oportunidad de ascender y ocupar un cargo más alto, tus compañeros competirán contigo para ocupar dicho puesto y dependiendo la campaña comunicacional que hayas realizado, lo ocuparás tú u otro. Efectivamente, "hacer una campaña comunicacional". ¿Cuántos empleados buscan la excelencia y no son considerados para ocupar puestos más altos dentro de las organizaciones? y sin embargo, aquel que hizo menos, pero supo comunicarlo quedó con el puesto. Idealmente todas las personas deberían buscar la excelencia en cada una de las tareas realizadas. No obstante, la realidad obliga a realizar un esfuerzo adicional, que es comunicar bien lo que hacemos. Una empresa que ha invertido tiempo, esfuerzo humano y económico para entregar el mejor producto o servicio, no logrará que sus clientes lo perciban como un empresa excelente, hasta que se lo comunique por los distintos medios de comunicaciones utilizados. Así también, un trabajador debería hacer lo mismo y la organización debería dar el espacio de expresión para sus trabajadores.

El fenómeno del "chaqueteo" es común en organizaciones tanto privadas como estatales, donde los empleados compiten entre sí para ganar posiciones más altas o mayores reconocimientos. La competencia puede tomar diferentes formas y las estrategias para alcanzar objetivos varían dependiendo del contexto y la cultura organizacional. Una organización que busca la excelencia y el crecimiento debe reconocer y premiar a aquellos empleados que se esfuerzan por mejorar su desempeño y aportar al crecimiento de la empresa. Motivar a los trabajadores y brindarles oportunidades de desarrollo puede llevar a la organización a alcanzar niveles más altos de rendimiento y éxito. Por otro lado, existen organizaciones que fomentan una competencia desleal, donde se premia a aquellos empleados que son más astutos o manipuladores, en lugar de valorar el esfuerzo y la dedicación al trabajo. Este enfoque puede resultar perjudicial para la empresa, ya que los empleados pueden estar más preocupados por "quedar bien" con sus superiores y dañar a sus compañeros en lugar de colaborar en beneficio del equipo y la organización en su conjunto.

Es importante que los líderes y gerentes tengan cuidado con el tipo de competencia que promueven dentro de la organización. Una competencia saludable y basada en el mérito puede ser una poderosa herramienta para estimular el crecimiento y la mejora continua. Sin embargo, una competencia desleal y centrada en intereses individuales puede limitar el potencial de crecimiento y generar conflictos internos que afecten el ambiente laboral y la productividad. Si un empleado excelente desea ascender en la organización, es fundamental que mejore sus habilidades de comunicación y establezca estrategias efectivas para destacar su valía y logros. Una comunicación clara y persuasiva puede marcar la diferencia al demostrar a los líderes y superiores el valor que aporta a la empresa y por qué merece ser considerado para un puesto más alto.

Idealmente, la competencia con reglas claras es lo que quisiéramos todos. Por ejemplo, En el ámbito económico, cuando hay monopolio deja de haber competencia. Sería muy aburrido un juego de tenis donde el campeón de la copa no se enfrentara nunca más con otros jugadores y se declarara vencedor para siempre. El campeón debe defender su título cada año. La competición es necesaria para el crecimiento evolutivo e ir construyendo seres más aptos para sobrevivir en un contexto más complejo. Incluso en el mundo de las ideas (política o religiosa) la lucha es muy fuerte, tratando de eliminar aquellas ideas contrarias, en casos extremos a las personas que las defienden.

Cuando vemos los partidos de fútbol, juegos de tenis o cualquier deporte competitivo, vemos reglas muy claras. Si no se cumplen, los competidores pueden quedar descalificados y perder la oportunidad de ganar el premio. Sería ideal que todos los contextos de la vida fuesen así, en donde se compita limpiamente y ganen los mejores. Sin embargo, la realidad nos muestra que hay "chicos malos", quienes compiten creando sus propias reglas y las van acomodando de acuerdo a sus intereses. La estrategia más antigua y poderosa tiene que ver con el engaño. Como dice Zun tsu, si eres fuerte muéstrate débil y si eres débil simula ser fuerte (Ayllón, 1999). Es decir, utilizar los medios de comunicaciones para crear verdades a partir de hechos no reales. Se cuenta que en la segunda guerra mundial, un ejército tenía sólo 50 tanques para combatir, entonces se fabricaron 200 tanques de madera, pintándolos del mismo color que los taques reales, entonces cuando pasaban los aviones de reconocimiento veían 250 tanques, información que sirvió para evitar el ataque al ejército enemigo. Quizá si el ejército enemigo hubiese visto 50 tanques en vez de 250, la decisión hubiera sido atacar. Robert Mnookin, en su libro "negociando con el diablo", describe la estrategia de satanización, la cual también se relaciona con enviar mensajes por los medios de comunicaciones para cambiar la percepción del público, muy utilizada por los distintos gobiernos (Mnookin, 2010). Ésta consiste en desacreditar y desprestigiar al competidor, asociándole valores negativos, incluso quitándole la categoría de personas. En la época de la esclavitud, para someter a las personas africanas, se argumentaba que por el aspecto físico no tenían características de personas, lo cual permitía hacerlos trabajar como animales, sin tener la oposición de la opinión pública.

Otra estrategia de competencia es el control de los suministros. En la guerra se restringe los alimentos para los soldados enemigos. En los negocios, se pueden firmar acuerdos con los proveedores para alcanzar un precio de las materias primas más barato que mi competencia.

Nuestra mente también se enfrenta constantemente a la competencia, en donde luchan las ideas preexistentes (modelos mentales) con las nuevas ideas (experiencias recientes), intentando influir sobre la toma de decisiones de cada persona.

Como puedes observar, en distintos contextos existe competencia. Los competidores son omnipresentes. Se lucha por permanecer y si esto implica eliminar a otros, la naturaleza no tiene ningún remordimiento. Veamos algunas historias reales de competencia en los negocios, en donde existe competencia de ideas. En el plano político y religioso, esta lucha ha sido muy intensa durante toda la evolución del ser humano, luchando por mantener ciertos modelos mentales en la gente, incluso eliminando a aquellas personas que mantienen o promueven otro tipo de modelos o conjunto de ideas. La competencia también ha existido a nivel científico. Nikola Tesla es conocido como el padre de la corriente eléctrica alterna y fue quien propuso dicha tecnología en momentos donde Thomas Alva Edison tenía el monopolio de la producción y distribución de la energía eléctrica en Estados Unidos, en base a corriente continua. Edison desde un principio no acepto la corriente alterna por un motivo económico, ya que podría echar por tierra su gran negocio. La competencia de ideas fue por demostrar si la corriente continua, de Edison o la corriente alterna, de Tesla, era mejor para el transporte y distribución de la electricidad. Con los avances tecnológicos actuales, se sabe que la corriente alterna era más eficiente. Sin embargo, en ese momento ganó Edison, porque desarrolló una estrategia comunicacional mejor. Si medimos el éxito por la fama y el dinero, sin duda Edison ganó. Hoy pocos recuerdan a Tesla, aunque la historia lo reconoce como uno de los ingenieros más brillantes, quién además desarrolló inventos utilizados en la actualidad, como es el control remoto.

Otra pelea de titanes, en el ámbito comercial, fue la vivida por Bill Gates y Steve Jobs, compitiendo sus ideas, en relación a la forma de vender el software. Jobs pensaba que debía resguardar la calidad de sus productos tecnológicos, vendiendo el hardware y el software juntos, creando un producto compacto de alta calidad a un alto precio. Por su parte, Gates consideraba que Apple vendía sus productos muy caros para llegar a un público masivo; por eso, la estrategia de Microsoft era vender más barato, compensando la baja del precio con ventas de mayor volumen. Por esta razón, Microsoft diseñaba el software y lo colocaba en computadores de distintos fabricantes, llegando a más consumidores. La mayoría de los expertos en informática coinciden en reconocer que los productos de Apple eran de mayor calidad que los de Microsoft. Sin embargo, Bill Gates ganó la competencia, si consideramos haber logrado ser el más rico de Estados Unidos.

En las empresas comercializadoras, normalmente se produce un conflicto entre dos modelos mentales, uno proveniente de los vendedores de terreno y otra, de los encargados de finanzas. Los vendedores quieren tener mayores plazos de cobro para sus clientes, ya que así, estarán dispuestos a comprar mayores volúmenes de producto. Por su parte, los encargados de finanzas, buscan disminuir los plazos de cobro, porque en caso contrario se deberá pedir dinero al banco, para pagar el sueldo de los trabajadores a final de mes, por no disponer de flujos de dinero. Otro conflicto entre los vendedores y los encargados de finanzas, se produce con la cantidad de productos almacenados en bodega. Para los vendedores, lo mejor será mantener grandes cantidades de producto en bodega, con el fin de estar preparado para aquellos pedidos repentinos o grandes volúmenes, entregando así un buen nivel de servicio. Los de finanzas dirán que los productos en bodega son dinero paralizado, ya que mientras no se vendan no generan ningún ingreso económico, sólo costos, pagando arriendo de bodega, pago de guardias y manteniendo dinero invertido en los productos almacenados. Si no se tienen productos en bodega se corre el peligro de no dar respuesta al pedido de los clientes, arriesgándose a perderlos. Ambos modelos mentales son bastante razonables, pero la empresa no puede escuchar sólo uno, se debe encontrar el equilibrio entre ambos. No obstante, la lucha por la dominación de un paradigma sobre el otro es constante.

En cualquier actividad o contexto, es común enfrentarse a competidores que también desean acceder a los mismos recursos que nosotros. Estos competidores pueden ser un factor limitante al decidir si dar o no el salto evolutivo y avanzar hacia un nuevo nivel o logro.

En un contexto evolutivo, es esencial tener en cuenta cuatro elementos clave:

- ✓ Yo: Representa nuestra capacidad, habilidades, conocimientos y recursos internos. Es fundamental entender nuestras fortalezas y debilidades para tomar decisiones informadas.
- ✓ Mi competidor: Son aquellos que también están buscando acceder a los mismos recursos o alcanzar el mismo objetivo. Es importante conocer a nuestros competidores, sus estrategias y ventajas para poder enfrentarlos de manera efectiva.
- ✓ Los recursos en disputa: Son los elementos necesarios para lograr el objetivo o dar el salto evolutivo. Pueden ser recursos naturales, financieros, tecnológicos, humanos, entre otros. La competencia por estos

recursos puede ser intensa y determinante en el resultado final.

- ✓ Las condiciones ambientales: Se refiere al entorno en el que se desarrolla la actividad o la competencia. Estas condiciones pueden incluir factores económicos, políticos, sociales, tecnológicos y culturales, entre otros. Es importante adaptarse y aprovechar las oportunidades que brinda el entorno.

Así como en una batalla militar, donde los comandantes evalúan su ejército, el enemigo, el terreno y el ambiente, en cualquier actividad también debemos considerar estos elementos para tomar decisiones estratégicas y avanzar hacia nuestros objetivos. La clave está en ir ganando terreno en cada etapa y superar los desafíos que se presenten para lograr el éxito y el progreso evolutivo.

2.4 *EL PATRÓN DOMINANTE LUCHA REPLICÁNDOSE*

Según Darwin, una estrategia de supervivencia poderosa y constante es la rápida propagación, especialmente cuando los recursos son abundantes. En biología, la propagación de un organismo vivo ocurre mediante la replicación de sus genes. Esto significa que el gen del padre y de la madre se copia y combina para generar un nuevo individuo. En consecuencia, el éxito de la propagación de un gen dependerá de cuántas veces se replique. En términos simples, cuantas más veces se repita este proceso de replicación, mayor será el éxito del gen.

Según Richard Dawkins, un gen será exitoso si cumple tres condiciones: longevidad, fecundidad y precisión en la replicación (Dawkins, 2002). Luego, Dawkins extiende esta misma idea a los memes, que son como los genes culturales, aquellos que se replican saltando de mente en mente, con el fin de ser aceptados por toda la humanidad, incluso por los que están por nacer. Un meme puede ser una idea, una canción, un poema, una ideología, un libro, son ideas empaquetadas.

La longevidad de un meme se refiere a su capacidad para perdurar en el tiempo y seguir siendo relevante y transmitido a lo largo de las generaciones.

La fecundidad de un meme es la facilidad de entrar en la mente de una persona y desde allí sea esta persona quien transmite el meme a una nueva persona. Cuando el contenido del meme es atractivo éste será muy fecundo llegando a muchas mentes. Por ejemplo si es una ideología, convencerá a la mayor cantidad de personas. Eso es un meme fecundo.

La precisión en la replicación de un meme es crucial para su éxito. Si un meme sufre cambios significativos o distorsiones a medida que se transmite, puede perder su efectividad o incluso transformarse en algo completamente diferente.

La teoría de los memes de Dawkins nos ayuda a entender cómo las ideas y las creencias culturales se propagan y mantienen en la sociedad. La comparación con los genes biológicos nos muestra que la replicación y la adaptación son fundamentales para el éxito de un meme. La Biblia es un ejemplo destacado de un meme longevo, fecundo y preciso, que ha dejado una huella duradera en la historia de la humanidad. Ha sido transmitida a lo largo de más de dos mil años y ha ejercido una poderosa influencia en la historia de la humanidad. Su capacidad para replicarse y mantenerse relevante a lo largo del tiempo la convierte en un meme longevo y fecundo. Es un meme exitoso. La biblia ha utilizado un mecanismo natural, la replicación permanente. Así como las especies vivas transmiten sus genes, los seres humanos replican los memes, a través de la crianza de sus hijos, en el colegio, en la universidad en las iglesias, hoy a través de redes sociales. En general, en la era de la digitalización y las redes sociales, la propagación de memes continúa desempeñando un papel importante en la forma en que compartimos y perpetuamos la cultura.

¿Y la Coca-Cola seguirá siendo un meme exitoso?

Volviendo a la mirada biológica, el efecto multiplicador de los genes fue descrito por Darwin a través de las siguientes observaciones (Darwin, 2003):

- ✓ Pequeñas diferencias simples que se replican durante un largo período de tiempo se transforman en grandes diferencias entre especies. Si observamos, los mensajes publicitarios y los paradigmas se basan en ideas simples que se repiten una y otra vez, logrando captar la atención de los clientes.
- ✓ Cada especie se esfuerza constantemente por aumentar la cantidad de individuos y la selección

natural buscará un nicho ecológico desocupado o mal ocupado para aquellos descendientes que presenten pequeñas variaciones.

- ✓ La replicación, al incrementar la cantidad de organismos vivos, los obliga a buscar nuevos recursos y competir por lugares desocupados. Un ejemplo claro son las empresas transnacionales, que surgieron en un lugar del mundo y ahora conquistan mercados en lugares previamente desconocidos por ellas.

Es importante tener en cuenta que el patrón (gen o meme) que se replica tiene una característica natural: es egoísta y competitivo. Esto significa que el patrón dominante ejercerá presión para que el sistema se comporte de esta forma, tratando de eliminar otros patrones existentes. Por lo tanto, aquel patrón que se replique más rápidamente podrá controlar los recursos del entorno antes que los demás, expandiéndose y obteniendo la victoria. Recordemos que la naturaleza constantemente genera desorden y luego ordena. Para que un sistema se ordene, es necesario que otro sistema se desordene simultáneamente. Este proceso de ordenamiento sigue un patrón repetitivo que se replica una y otra vez, permitiendo el crecimiento de una estructura y la desaparición de otra al mismo tiempo.

Si saltamos a distintos momentos de la historia humana, encontramos que en la época medieval existía una estructura social centrada en el rey y los señores feudales. Por autorización del rey, estos últimos administraban las tierras, mientras que una gran cantidad de personas sin educación formal trabajaban arduamente a cambio de un techo y comida para subsistir. Esta estructura social se replicó en varios países e incluso en la actualidad se ha mantenido la figura del rey en países desarrollados como Holanda o Inglaterra. Sin embargo, con la revolución francesa surgieron nuevas estructuras sociales basadas en la república, donde el patrón dominante era la creencia de que todas las personas nacen libres y con los mismos derechos, proclamando la consigna de "Liberté, égalité, fraternité". Posteriormente, surgieron otras estructuras sociales en las que el patrón dominante fue la democracia y el libre mercado.

Hablando de patrones dominantes, en la actualidad, los medios de comunicación muestran a personas famosas que han alcanzado el éxito y la riqueza sin necesidad de una formación universitaria, convirtiéndose en referentes para muchos jóvenes. Convencer a los hijos de la importancia de dedicar tiempo y esfuerzo al estudio puede ser una tarea difícil en estos tiempos. Aunque nuestros abuelos y padres nos enseñaron que la educación era la clave para salir de la pobreza y progresar en la vida, ahora debemos reconocer que obtener un título universitario o emprender un negocio no garantiza automáticamente el éxito futuro.

El actual modelo económico dominante valora el dinero y las posesiones como símbolos de éxito, generando la idea de que estudiar o cultivar el intelecto es un camino equivocado. Es cierto que el emprendimiento y otras formas de ganarse la vida pueden ser caminos válidos y exitosos. Sin embargo, es crucial comprender la importancia de la educación y cómo puede enriquecer su conocimiento, desarrollar habilidades valiosas y abrir oportunidades para el futuro. Ahora bien, no debemos olvidar otros momentos de la historia donde existía mucho analfabetismo. Claramente, se valoraban más aquellas personas con mayor educación, simplemente porque eran menos. Seguramente hoy todos querrán dejar los estudios y emprender un negocio, pero llegará un momento en que se sature de emprendedores sin estudios y habrá que adaptarse nuevamente. No hay bien que dure cien años ni tonto que no lo descubra.

Esta estructura ha sido replicada y continúa replicándose en muchos países del mundo, sin embargo, surge la interrogante de cuánto tiempo sobrevivirán esto patrones y si en el futuro aparecerán patrones más eficientes (nuevos paradigmas). Es difícil predecir con certeza el devenir de las estructuras sociales, ya que están sujetas a cambios y transformaciones constantes. La evolución de la sociedad y las necesidades humanas pueden dar lugar a nuevos patrones (paradigmas) que sean considerados más eficientes en términos de organización y funcionamiento. Por lo tanto, es posible que en el futuro surjan otras formas de organización social que reemplacen o modifiquen los actuales patrones dominantes, incluso al capitalismo.

En el ámbito cultural, replicar un meme es la estrategia fundamental para ejercer dominio y control sobre un grupo de personas. Un meme exitoso logra mantener cohesionada a la población y movilizando a las personas con la menor cantidad de recursos posibles. En la sociedad actual, la comunicación juega un papel clave en este proceso. Por ejemplo, grandes empresas comerciales son capaces de influir en los consumidores y lograr que compren sus productos, mediante l repetición de mensajes cortos y precisos, a pesar de la amplia variedad de opciones disponibles en el mercado. De manera similar, las organizaciones religiosas agrupan y dirigen a millones de personas mediante un patrón repetitivo y consistente. Estos ejemplos muestran cómo un grupo relativamente pequeño de personas puede dirigir a una gran cantidad de individuos a través de la repetición constante de mensajes y prácticas, es decir, replicando el mensaje. Las empresas utilizan medios como la radio, la televisión, los periódicos y las redes sociales mientras que las organizaciones religiosas difunden su mensaje a través de actividades en las calles, programas de radio, televisión y también redes sociales.

La historia de la humanidad nos ha demostrado que aquellos que luchan por cambiar el orden establecido suelen enfrentar resistencia y represión, tanto en el pasado como en la actualidad. En el pasado, muchas personas que desafiaron el statu quo fueron torturadas y asesinadas por sus ideas y acciones. Hoy en día, con el surgimiento de las redes sociales y los medios de comunicación, la forma es "cancelar" a través de campañas de desprestigio en línea y boicots. Algunos líderes también optan por controlar los flujos de información para manipular las opiniones de las personas y mantener su poder. La era de Internet ha sido testigo de una gradual restricción de la libertad de expresión y el acceso a información diversa. Los algoritmos de búsqueda en línea tienden a replicar o reforzar aquellas informaciones que coinciden con nuestras convicciones (modelos mentales), sin proporcionar una visión equilibrada y plural. Esto puede perpetuar patrones dominantes y favorecer a grupos de interés particulares.

En este contexto, es fundamental que, como individuos, busquemos activamente información de diversas fuentes y cuestionemos las opiniones y narrativas que nos presentan. Debemos esforzarnos por mantenernos informados de manera objetiva y crítica, evitando caer en burbujas de información que solo refuercen nuestras creencias preexistentes. La diversidad de opiniones y perspectivas es esencial para una sociedad sana y progresiva. De esta misma forma, los líderes deben entender que la evolución y los saltos evolutivos no tienen que ver con ideologías mal intencionadas, sino más bien con el agotamiento de un patrón de vida, el cual puede no dar respuesta nuevas problemáticas de la sociedad y por lo tanto, se debe cambiar el modelo mental o paradigma, para dar paso a uno nuevo.

2.5 EL PATRÓN DOMINANTE IGUAL MUERE / OPORTUNIDAD

Aquellos que trabajan por mantener un mismo patrón de orden pueden hacerlo con el objetivo de preservar sus privilegios o mantener el status quo. Sin embargo, esto puede ser problemático cuando el contexto cambia rápidamente y surgen nuevas problemáticas que el patrón de orden existente no puede abordar adecuadamente. Durante la revolución industrial, por ejemplo, surgió la necesidad de ordenar los procesos productivos para aumentar la eficiencia, y se adoptaron patrones provenientes de la iglesia y del ejército. El patrón dominante consistía en mantener una estructura jerárquica tipo piramidal, en la que aquellos en la cima pensaban y decidían, mientras que los demás debían trabajar sin cuestionar nada. Esta estructura fue bastante exitosa en un entorno con personas con poca educación formal o incluso analfabetas. Sin embargo, hoy en día, el acceso a la educación y, en particular, a la información facilitado por Internet, ha generado personas mucho más informadas que podrían estar capacitadas para tomar decisiones al mismo nivel que políticos importantes o gerentes de grandes empresas transnacionales, utilizando argumentos sólidos para cuestionar las decisiones de los líderes mundiales. En el ámbito empresarial o político, si las estructuras organizacionales no permiten cambiar y adaptarse de manera efectiva, serán eliminadas y reemplazadas por nuevas estructuras. Para que las empresas de hoy sobrevivan y crezcan a lo largo del tiempo, los gerentes deben dejar de pensar en organizaciones altamente ordenadas y rígidas, y deben tender hacia un mayor grado de flexibilidad y desorden, manteniendo el control. Una idea importante en el pensamiento de Nietzsche es la lucha entre la moral y los instintos esenciales de la vida, lo cual hace referencia a que las normas creadas por el ser humano pueden impedir su crecimiento, ya que las normas morales son inherentemente rígidas (Nietzsche, 2016).

La información y la capacidad de comunicación instantánea han puesto en evidencia los errores, abusos de poder y desigualdades que existen en diversas instituciones. En este contexto, algunas organizaciones han comenzado a adoptar modelos de gestión más abiertos, horizontales y flexibles. En lugar de una jerarquía estricta, estas organizaciones fomentan la participación y la colaboración entre sus miembros, tomando en cuenta la diversidad de perspectivas y habilidades para la toma de decisiones. También buscan ser más transparentes en su funcionamiento y rendición de cuentas, lo que genera confianza y lealtad entre los empleados, clientes y seguidores. Se cambio un patrón antiguo por otro nuevo.

En el ámbito científico, Thomas Kuhn acuñó el concepto de "paradigma", explicado como un patrón, modelo o conjunto de conocimiento, técnicas, procedimientos y valores generalmente aceptados por una determinada comunidad científico en un tiempo y un espacio determinado. A partir de este concepto explica la aparición de una revolución científica, donde un paradigma comienza a tener "anomalías", dado que deja de dar explicaciones o resolver los problemas que se espera que resolviera: Esta acumulación de anomalías hace que dicho paradigma entre en crisis. Luego, esta crisis permite la aparición de un nuevo paradigma, el cual es capaz de explicar dichas anomalías, reemplazando finalmente al paradigma anterior. Sin embargo, como todas las revoluciones, esto no es fácil, dado que las personas que aceptan el paradigma antiguo harán todo lo posible para que éste no desaparezca y pueda seguir existiendo. Sin embargo, al final el paradigma antiguo es cambiado por uno nuevo, el cual probablemente también entre en crisis a futuro. "La invención de otras teorías novedosas evoca regular y adecuadamente la misma respuesta por parte de algunos de los especialistas sobre cuya área de competencia especializada inciden. Para estas personas, la nueva teoría entraña un cambio en las reglas que regían la práctica de la ciencia normal anterior. Por tanto resulta inevitable que ponga en tela de juicio gran parte del trabajo científico que dichas personas habían realizado ya de manera satisfactoria" (Kuhn, 1971, pág. 32)

Así, el patrón antiguo murió y nace un nuevo patrón.

El concepto de paradigma de Thomas Kuhn es aplicable no solo al ámbito científico, sino también a diversos aspectos de la vida, incluido el ámbito personal o empresarial. Cuando un sistema o modelo establecido entra en crisis y deja de resolver los problemas que se esperaba, puede surgir la necesidad de adoptar un nuevo paradigma que brinde soluciones más efectivas.

En el contexto de los negocios, esto también es relevante. Las empresas y los emprendedores a menudo se enfrentan a situaciones donde las estrategias y enfoques establecidos ya no son efectivos. Pueden surgir desafíos, cambios en el mercado o avances tecnológicos que requieran una adaptación o cambio en la forma de hacer negocios. En estos momentos de crisis o cambio, las organizaciones tienen dos opciones: aferrarse al paradigma antiguo y tratar de mantenerlo a pesar de sus limitaciones, o estar dispuestas a explorar y adoptar un nuevo paradigma que permita abordar los problemas de manera más efectiva.

El proceso de transición hacia un nuevo paradigma suele ser complejo y enfrentar resistencia de aquellos que están cómodos con el enfoque anterior. Sin embargo, es necesario estar abiertos a la innovación y la adaptación para mantenerse relevantes en un entorno empresarial en constante evolución. La capacidad de adaptarse y evolucionar es esencial para el éxito a largo plazo en el mundo empresarial, y aquellos que pueden abrazar el cambio y adoptar nuevos patrones estarán mejor posicionados para prosperar en un entorno dinámico y competitivo. Se genera una oportunidad para aquellos que están dispuestos a cambiar y están preparados para hacerlo.

Los cambios de paradigma representan momentos clave para dar saltos evolutivos y mejorar el estado actual. Cuando un paradigma establecido entra en crisis y deja de ser efectivo, se presenta una oportunidad para reevaluar y replantear la forma en que se hacen las cosas. Estos momentos de transición pueden ser desafiantes, pero también son momentos de gran potencial. Al enfrentar la necesidad de cambiar, las personas y las organizaciones tienen la oportunidad de explorar nuevas ideas, enfoques y tecnologías que antes no habían considerado. Esto abre la puerta a la innovación y la mejora. Es un proceso que requiere valentía, visión y adaptabilidad para abrazar nuevas posibilidades y superar la resistencia al cambio.

Incluso, élites políticas y económicas han aprovechado crisis, desastres y situaciones de shock en la sociedad para promover y consolidar políticas económicas neoliberales y avanzar en el camino del capitalismo desregulado. Naomi Klein, argumenta que, en momentos de crisis o conmoción social, las personas y comunidades están más vulnerables y desorientadas, lo que permite a las élites aplicar políticas impopulares y drásticas, que de otra manera serían rechazadas o resistidas (Klein N. , 2007). En su libro, Klein explora casos históricos y contemporáneos en los que se han aplicado políticas de "choque" en distintos países, aprovechando situaciones como golpes de estado, desastres naturales, atentados terroristas o crisis económicas. Estas políticas incluyen la privatización de servicios públicos, recortes sociales, desregulación laboral y financiera, entre otras medidas que benefician a los sectores más poderosos y concentran la riqueza.

Para muchos, quizá éste es un ejemplo de mal gusto, sin embargo, es importante observar cómo algunos seres humanos piensan fríamente y aprovechan las crisis para sacar ventaja. Por otra parte, este ejemplo sí es bueno para aclarar que la inteligencia evolutiva no responde a planteamientos éticos, simplemente a la adaptación ante cambios en el contexto.

Las personas y organizaciones que pueden identificar y aprovechar estos momentos de cambio de contextos o de paradigma tienen la ventaja de poder liderar la transformación y adaptarse más rápidamente a las nuevas condiciones y por lo tanto, beneficiarse con las nuevas condiciones.

2.6 LA TECNOLOGÍA ES LA PALANCA QUE IMPULSA LOS SALTOS EVOLUTIVOS

La tecnología ha sido un factor crucial en el avance y la evolución del ser humano a lo largo de la historia. Desde tiempos remotos hasta la era moderna, la innovación tecnológica ha transformado la manera en que vivimos, trabajamos y nos relacionamos con el mundo que nos rodea.

En sus inicios, el desarrollo de herramientas rudimentarias permitió a nuestros antepasados sobrevivir y prosperar. Recordemos que el mono pasó a ser un ser humano cuando comenzó a tallar la piedra, lo cual permitió tener herramientas para cazar animales y utensilios domésticos. Esas fueron las primeras tecnologías. Así mismo, la invención de la rueda, facilitó el transporte de mercancías y personas, lo que impulsó el comercio y el intercambio cultural entre comunidades distantes. Por su parte, la creación del fuego no solo proporcionó calor y protección contra depredadores, sino que también posibilitó la cocción de alimentos, mejorando la digestión y la nutrición de las poblaciones.

Con el tiempo, el ser humano siguió evolucionando, y con él, la tecnología se volvió más sofisticada. El dominio de la agricultura y la domesticación de animales permitieron asentamientos permanentes y el desarrollo de civilizaciones. La invención de la imprenta revolucionó la difusión del conocimiento, abriendo las puertas al Renacimiento y la Ilustración, que marcaron hitos importantes en el progreso humano.

La Revolución Industrial, en los siglos XVIII y XIX, con la máquina de vapor, marcó un cambio radical en la sociedad y la economía. La mecanización y la producción en masa generaron un aumento sin precedentes en la productividad y la creación de bienes, mejorando así la calidad de vida de muchas personas. La revolución tecnológica en el ámbito de la comunicación, con la invención del teléfono y el telégrafo, acortó las distancias y permitió la transmisión instantánea de información.

En el siglo XX, la llegada de la informática y la era digital cambió drásticamente la forma en que nos comunicamos y accedemos a la información. La creación de internet conectó al mundo de una manera nunca antes vista, facilitando la colaboración global y el intercambio de ideas. La computación y la inteligencia artificial han llevado a la automatización de tareas y procesos, liberando a los seres humanos de labores repetitivas y permitiéndonos concentrarnos en tareas más creativas e intelectuales.

La tecnología ha desempeñado un papel fundamental en la medicina, permitiendo diagnósticos más precisos y tratamientos más efectivos. La biotecnología y la genética han abierto la puerta a la manipulación de genes y la terapia génica, lo que podría conducir a avances revolucionarios en la cura de enfermedades y en la prolongación de la esperanza de vida.

En el ámbito de las comunicaciones, la tecnología ha derribado barreras geográficas y culturales, permitiéndonos conectarnos con personas de todo el mundo de forma instantánea. Las redes sociales han transformado la manera en que interactuamos y nos relacionamos con los demás, creando comunidades virtuales y ampliando nuestras perspectivas.

De esta forma, la tecnología ha sido un catalizador clave en la evolución del ser humano. Desde las herramientas más primitivas hasta la inteligencia artificial y la revolución digital, cada avance tecnológico ha llevado a una transformación profunda (Saltos evolutivos) en la sociedad y en la forma en que vivimos. Ahora bien, aunque la tecnología ha impulsado el progreso y la evolución humana en muchos aspectos, también ha traído consigo desafíos y consecuencias negativas. Es importante abordar estos aspectos negativos y buscar soluciones equilibradas que permitan aprovechar los beneficios de la tecnología mientras se minimizan sus impactos negativos. Un uso responsable y consciente de la tecnología es esencial para garantizar una evolución humana sostenible y equitativa. A pesar de esto, la capacidad de innovar y adaptarse a las nuevas tecnologías ha sido una característica distintiva de nuestra especie, y continuará siendo una fuerza motriz para nuestro desarrollo futuro.

La tecnología juega un papel crucial en nuestras vidas, tanto a nivel personal, profesional o en los negocios. Aunque no seamos quienes la crean, podemos aprovecharla e incorporarla en nuestras actividades diarias para mejorar nuestra eficiencia y productividad. Al delegar tareas repetitivas y tediosas a la tecnología, podemos liberar tiempo y recursos para enfocarnos en aspectos más importantes y estratégicos.

2.7 *LA COOPERACIÓN PUEDE HACER MÁS EFICIENTE LA ADAPTACIÓN*

El tiburón blanco ha sido catalogado por algunos expertos como "una máquina de matar" y ha servido de inspiración para la película "Tiburón". Existe un mito asociado al tiburón blanco que sugiere que los tiburones no nacidos compiten entre sí dentro del útero de la madre, devorando a sus hermanos más débiles (canibalismo intrauterino), lo que resulta en el nacimiento solo de los más fuertes. Aunque esta idea no ha sido comprobada, no hay duda de que el tiburón blanco es un animal altamente competitivo. Los seres humanos también se enfrentan a la competencia en diversas situaciones, ya sea en la búsqueda de alimentos en África, en la defensa de tierras y territorios por parte de los indígenas amazónicos, en la competencia por acceder a puestos de trabajo mejor remunerados, o en la lucha de las empresas por mantenerse en los mercados en los que operan.

Ahora bien, la competencia no es la única forma de enfrentar la vida. Dentro de la evolución, gran parte de los contextos son difíciles de abordar y la adaptación puede ser muy costosa. Es en ese momento cuando aparece la cooperación, donde cada uno de los que integran un grupo coloca recursos económicos, tiempo, conocimiento, contactos o habilidades de liderazgo, como el fin de enfrentar un problema, aprovechar una oportunidad o hacer frente a los competidores. Lo relevante es que todos colocan algo, existe reciprocidad y complementariedad.

La cooperación suele confundirse con el altruismo. El altruismo implica ayudar a otros individuos a pesar de los propios beneficios y sin esperar nada a cambio, mientras que la cooperación implica que los miembros de una alianza se ayuden mutuamente y obtengan un beneficio mayor que si actuaran de forma individual. La cooperación es otra forma de competencia, ya que normalmente se compite por el control de los recursos, pero se forman alianzas cooperativas para obtener mejores resultados y facilitar la competencia. La estrategia de competencia no siempre conduce a los mejores resultados. En la guerra, todos pierden, incluso el vencedor, quien también sufre pérdidas significativas en términos de vidas humanas, y la única consolación es la victoria. Los neurocientíficos saben que una neurona no es capaz de construir una idea por sí sola ni de pensar, pero al conectarse con otras neuronas se desarrollan grandes ideas a través de la formación de redes cooperativas.

Desde una perspectiva biológica, la competencia entre los seres vivos ha sido discutida desde los planteamientos de Charles Darwin, quien sugirió que los seres vivos desarrollan variaciones en sus órganos a lo largo de las generaciones, seleccionando características favorables para su supervivencia y crecimiento. Este proceso, conocido como selección natural, se basa en la competencia entre especies por recursos limitados y la supervivencia de los individuos más aptos (Darwin, 2003).

No obstante, en el caso de especies complejas como los seres humanos, parece más razonable considerar una adaptación cooperativa en lugar de cambios individuales lentos, especialmente frente a cambios ambientales significativos. La evolución humana se ha caracterizado por la integración y cooperación con el entorno y otros organismos vivos, en lugar de depender exclusivamente de la selección de características internas.

Es importante notar que Darwin no proporcionó una explicación detallada sobre cómo se genera una nueva especie, pero la cooperación juega un papel fundamental en el proceso evolutivo. La comunicación e intercambio de información tanto dentro como fuera de los grupos permiten la integración de más individuos al grupo a expensas de otros competidores y mantienen la cohesión dentro del grupo. Este tipo de comportamiento cooperativo se observa en especies sociales, como las abejas, los lobos, los delfines y muchos otros animales, lo que destaca la importancia de la colaboración en la naturaleza.

La cooperación es una estrategia fundamental en la naturaleza y se puede observar en diversas especies, como en el caso de las hormigas. Su capacidad para trabajar en conjunto y comunicarse mediante feromonas les permite resolver problemas complejos y adaptarse a su entorno de manera eficiente. Por ejemplo, en la búsqueda de alimentos, las hormigas emplean la cooperación y la comunicación química para optimizar su búsqueda y maximizar su eficacia. Al emitir feromonas, las hormigas pueden compartir información sobre la ubicación del alimento y marcar caminos más cortos y efectivos. Al seguir estas señales químicas, las demás hormigas pueden acceder rápidamente al alimento, lo que beneficia a toda la colonia. Este patrón de comportamiento repetitivo basado en emitir y seguir feromonas demuestra cómo la cooperación y la comunicación son esenciales para la supervivencia y el éxito de las sociedades de hormigas. A través de la cooperación, las hormigas pueden enfrentar desafíos y resolver problemas que individualmente serían mucho más difíciles de superar.

La cooperación también está presente en la reproducción. En general, los mamíferos utilizan la reproducción sexual, mientras que otros seres vivos utilizan la reproducción asexual, como las bacterias. En términos simples, los primeros necesitan genes de dos seres vivos para reproducirse, mientras que los segundos se dividen, aumentando así su descendencia. En la reproducción sexual, un individuo necesita interactuar plenamente con su entorno inmediato. Su pareja no forma parte de él, sino del entorno en el cual vive. Necesita totalmente a su pareja para generar nuevos individuos debido a que cada uno desarrolla funciones fisiológicas muy específicas. Es un estado de plena cooperación con su entorno más cercano. Esto no ocurre así con la reproducción asexual, donde a partir del mismo individuo nacen otros más. La reproducción asexual parece ser un mecanismo bastante egoísta, ya que no necesita a otros para generar descendencia ni depende de su entorno inmediato. Sin embargo, al competir para sobrevivir, forman colonias muy poderosas con altos niveles de cooperación. Para lograr altos niveles de cooperación, es necesario organizar el nuevo sistema cooperativo y aumentar su complejidad interna.

La teoría endosimbiótica propuesta por Lynn Margulis, conocida como SET (Serial Endosymbiosis Theory), complementa la teoría de la evolución de Darwin al explicar el origen de nuevas especies a través de la cooperación simbiótica entre organismos menos evolucionados. Según esta teoría, dos organismos en peligro de muerte comienzan a cooperar y, con el tiempo, desarrollan una dependencia mutua tan fuerte que no pueden vivir el uno sin el otro, dando lugar a la formación de un nuevo organismo (Margulis, 1996). Margulis se centró específicamente en la formación de las células eucariontes, que son los componentes fundamentales de nuestro cuerpo, y postuló que se originaron a partir de células procariontes menos evolucionadas, como las bacterias. Según su teoría, las mitocondrias, por ejemplo, habrían sido células menos evolucionadas que establecieron una cooperación simbiótica con otras células, lo que condujo a la formación de sistemas más complejos. Quizá, esta idea podría explicar por qué aún no se ha encontrado el "eslabón perdido" en la evolución, ya que los saltos evolutivos se producirían a través de la cooperación simbiótica y no necesariamente por cambios paulatinos ocurridos generación tras generación.

Un ejemplo interesante de cooperación simbiótica es el caso de las termitas, que albergan bacterias en su sistema digestivo para digerir la madera. Las termitas proporcionan un ambiente y protección a las bacterias, mientras que estas últimas ayudan a las termitas a procesar los alimentos. En este caso, el éxito de la cooperación depende del alto nivel de especialización y dependencia entre los organismos involucrados. Esta dependencia simbiótica transforma una estructura de elementos individuales en una estructura única y diferenciada, claramente definida.

El cuerpo humano es un ejemplo destacado de esta dependencia simbiótica, ya que todos los sistemas y órganos se necesitan mutuamente para sobrevivir. El cerebro no puede funcionar sin el páncreas, y el corazón no puede funcionar sin los pulmones, por ejemplo. Sin embargo, la cooperación no es la causa principal de esta dependencia, sino más bien la especialización de cada sistema. Cada parte del organismo se ha especializado en una función específica y depende de los demás sistemas para su supervivencia y funcionamiento adecuado. La especialización de cada integrante mejora la eficiencia del organismo como un todo, aunque esto lleva consigo el aumento de la dependencia entre ellos. Por eso, una organización o empresa puede ser más eficiente si quienes la integran se especializan en funciones específicas.

También el ser humano ha tendido a la cooperación simbiótica a través de la domesticación de diferentes especies y la creación de procesos productivos. La domesticación de animales, como el caballo, ha permitido una colaboración estrecha entre humanos y animales, donde ambas partes se benefician mutuamente. Los humanos proporcionan alimento, refugio y cuidado a los caballos, y a cambio, los caballos brindan transporte, fuerza de trabajo o compañía.

En el caso de la producción de alimentos, como el yogurt o la cerveza, se establecen relaciones simbióticas con microorganismos. Por ejemplo, en la producción de yogurt, las bacterias lácticas fermentan la leche y transforman sus componentes, generando un producto ácido y con propiedades beneficiosas. En el proceso de elaboración de la cerveza, las levaduras transforman los azúcares en alcohol y dióxido de carbono, creando la bebida alcohólica. Estos procesos son posibles gracias a la colaboración entre los microorganismos y los humanos, donde se les proporciona un sustrato rico en nutrientes y un ambiente adecuado para su crecimiento, y a cambio, se obtiene un producto deseado.

La cooperación simbiótica es un hecho comprobado biológicamente y probablemente ha sido un factor clave en la evolución de las especies. Ha permitido que organismos menos evolucionados cooperen y se integren con otros, dando lugar a nuevos seres más complejos y avanzados en el proceso evolutivo. La dependencia mutua y la especialización de cada organismo han sido elementos esenciales para el éxito de la cooperación simbiótica y la evolución de la vida en la Tierra.

No obstante, lograr la cooperación no siempre es fácil, ya que suele requerir un patrón en torno al cual los miembros del grupo se ordenen. Freud destacó que las personas aman a quienes pertenecen al mismo grupo y tienden a desconfiar o incluso odiar a quienes están fuera del grupo. Esta tendencia puede estar relacionada con los instintos de supervivencia de nuestros antepasados, que se unían a los que podían ofrecer más oportunidades de supervivencia. La cooperación no siempre es un acto espontáneo. Probablemente, cuando estemos en peligro de muerte, pediremos ayuda a otros y, al mismo tiempo, estaremos dispuestos a ayudar, impulsados por la histeria colectiva. Sin embargo, en tiempos normales, la cooperación no surge de forma instintiva, sino que es producto de un análisis racional, entendiendo que el egoísmo podría generar mayores pérdidas o a ganar menos que si se cooperara. En este sentido, la teoría de juegos ha intentado explicar, con matemáticas, este conflicto interno entre el impulso de pensar solo en uno mismo y la necesidad consciente de cooperar. (Pérez, Jimero, & Cerdá, 2004)

La confianza es fundamental en la cooperación humana, ya que nos permite reducir la complejidad al delegar ciertas tareas en otros. La confianza puede entenderse como un proceso en el cual una persona reduce la complejidad de su entorno, delegando ciertas tareas en manos de otras personas que tienen el tiempo, la capacidad y la buena intención para obtener los mejores resultados. La buena intención es una variable importante y al mismo tiempo difícil de medir. Por esta razón, las personas investigan la reputación de aquellos en quienes esperan confiar. Otro aspecto importante para confiar es el afecto hacia los demás. Puedo confiar en la buena intención de mis padres porque existe una relación afectiva con ellos.

Es importante tener en cuenta que incluso en situaciones de cooperación, la competencia sigue presente, ya que los integrantes de un grupo compiten con los de otros grupos. En otras palabras, la cooperación surge también como una estrategia para enfrentar de manera más eficiente a los competidores. Aquellos que cooperan dentro de un grupo se cuidan y se apoyan mutuamente, mientras que aquellos que no cooperan (con otros paradigmas) son excluidos o castigados. Por esta razón, a lo largo de la historia, muchos políticos han creado enemigos internos o externos para mantener la cohesión de un país, destacando el peligro que representan para la estabilidad nacional.

La evolución de seres vivos complejos ha sido resultado tanto de la competencia como de procesos de cooperación. La cooperación genera saltos evolutivos al formar alianzas entre individuos o con el entorno. Además, la especialización de quienes integran un nuevo sistema es clave para el éxito de la cooperación. También existe "cooperación" con objetos, como el ejemplo del mono tallando la piedra, lo que lo transformó en ser humano al ser más eficiente en la caza y el uso de herramientas. La teoría endosimbiótica explica mejor los saltos evolutivos al involucrar cooperación simbiótica que conduce a la formación de nuevos organismos más complejos. La adaptación propuesta por Darwin no explica adecuadamente los cambios rápidos del entorno, y la cooperación simbiótica parece ser una explicación más adecuada en esos casos.

2.8 LAS DIFERENCIAS GENERAN MOVIMIENTO

En la naturaleza existen muchos fenómenos que ocurren espontáneamente y siguen un sentido particular, desde el orden hacia el desorden, y no al revés. Estos fenómenos están relacionados con las diferencias y gradientes presentes en el entorno, y son impulsados por la tendencia natural hacia la entropía. Por ejemplo, si se suelta una piedra desde un edificio, siempre caerá. Si se da vuelta un vaso con agua en la mesa, se derramará ocupando la mayor superficie posible e incluso llegará al piso. Si una persona está en peligro de muerte, siempre luchará por sobrevivir. Pensemos al revés por un momento. La piedra en el suelo no subirá al último piso del edificio, el agua derramada en la mesa no llenará el vaso vacío, la persona en peligro de muerte no pedirá que la maten en vez de defenderse.

La comprensión de los fenómenos naturales puede aplicarse en diferentes áreas, como la planificación de recursos, la gestión de proyectos o el diseño de políticas. Al reconocer que algunos procesos ocurren espontáneamente en una dirección específica, podemos trabajar con ellos en lugar de contra ellos, y así optimizar nuestros esfuerzos y resultados.

Estos fenómenos espontáneos tienen su origen en las diferencias, siendo esto uno de los motores de la naturaleza, moviendo energía, materia o personas (Bird, 2006). Por ejemplo, las diferencias de concentración producen el movimiento de partículas desde las zonas de mayor concentración hacia las zonas de menor concentración. Si observamos una taza con agua y colocamos una bolsa de té en el agua, podremos distinguir una zona con mucha concentración de té y otra zona con agua cristalina. Con el tiempo, el té teñirá otras zonas de agua cristalina hasta que se forme una mezcla homogénea. Inicialmente, las partículas de té se ubican en una zona y luego se desordenan, ocupando todos los lugares disponibles. El desorden es el motor del orden.

En 1850, el físico Rudolf Clausius propuso lo que hoy se conoce como la "Segunda Ley de la Termodinámica" (Inzunza, 2002), donde explica cómo los sistemas pasan del orden al desorden utilizando el concepto de entropía. Definiremos el orden como la capacidad de identificar características distintas en un mismo sistema. Por ejemplo, al entrar en la habitación de un adolescente, normalmente se puede observar desorden. Si quisiéramos buscar algo específico, como las llaves de la casa, sería casi imposible encontrarlas. Si la habitación estuviera ordenada, es decir, si las cosas estuvieran clasificadas, con las camisas dobladas en el armario, las chaquetas colgadas, los zapatos emparejados, los libros en el estante y los calcetines en el cajón, sería mucho más fácil encontrar las llaves. Ordenar no es algo espontáneo, se requiere esfuerzo y tiempo para hacerlo. Pero, ¿por qué se promueve el orden? ¿Por qué los seres humanos destinan tanto tiempo de su vida a ordenar e intentan mantener ese orden? Básicamente, por la eficiencia. La idea es que la energía y el tiempo dedicados a ordenar deberían ser menores que la energía y el tiempo necesarios para identificar las cosas o extraer información que permita tomar decisiones rápidamente. En cambio, el desorden no permite identificar las diferencias, y todo parece homogéneo.

Para lograr el orden en un sistema, se requiere energía que provenga de otro sistema en proceso de desorden. Esta dinámica se encuentra presente en gran parte de nuestra historia natural y evolución, especialmente en relación con el sol, que gradualmente se va desintegrando. Los antiguos Incas adoraban al "dios sol" y, en cierta medida, tenían razón al considerarlo así. El sol es la fuente de energía que sustenta la vida en la Tierra. Por ejemplo, un árbol crece gracias a la fotosíntesis, un proceso en el que captura la luz solar y, junto con el agua, la transforma en compuestos químicos que luego formarán la estructura del árbol, como el tronco, las ramas, las hojas y los frutos. Se crean nuevas estructuras ordenadas mientras el sol se degrada entregando energía, mediante su proceso de combustión. Este proceso natural, denominado fotosíntesis puede representarse mediante la ecuación propuesta por Julius Von Sachs:

$6CO_2 + 6H_2O + \text{Energía solar} \rightarrow C_6H_{12}O_6 + 6O_2$

El dióxido de carbono y el agua, en presencia de energía solar, se utilizan para crear estructuras ordenadas llamadas polisacáridos, como el almidón, y al mismo tiempo liberan oxígeno al aire. Las plantas almacenan la energía necesaria para su crecimiento a través de estos polisacáridos. Luego, los seres humanos cortan el árbol y lo utilizan como leña, obteniendo energía calórica para calentar agua o para mantenerse abrigados en días fríos. Como mencionábamos anteriormente, el árbol capturó las moléculas desordenadas de dióxido de carbono y utilizó los átomos de carbono para crear estructuras ordenadas en forma de polisacáridos. Al quemar el árbol, su estructura se desordena y solo quedan partículas de cenizas sin ningún tipo de orden. Por lo tanto, para lograr el orden en un sistema, se necesita capturar energía de otro sistema que esté en proceso de desorden. Esto implica que ordenar un sistema conlleva a desordenar otro.

El orden y el desorden son partes esenciales de la vida. Trabajamos (orden) con la expectativa de tener momentos de ocio (desorden). Acumulamos dinero (orden) para gastarlo en el futuro (desorden). Aceptamos ser sometidos por otros en el presente para disfrutar de ciertas libertades en el futuro. Estudiamos carreras universitarias exigentes, renunciando a actividades entretenidas, con la esperanza de obtener salarios altos que nos permitan tener vidas más placenteras y divertidas más adelante. Realizamos muchos sacrificios en esta vida terrenal porque creemos en la existencia de un paraíso donde seremos libres y podremos disfrutar de los placeres que no experimentamos durante nuestra vida terrenal. Es por esta razón que el desorden impulsa el orden, ya que ordenamos para sentir bienestar al desordenar. Sin embargo, ¿qué sucede si la energía y el tiempo invertidos en ordenar superan ampliamente la recompensa obtenida al desordenar? Simplemente, no será eficiente seguir buscando el orden.

Hemos analizado cómo los sistemas tienen ciclos de desorden-orden-desorden, pero ¿cuáles son las fuerzas de la naturaleza que hacen esto posible? Las diferencias o gradientes naturales son los que generan movimiento.

Si consideramos la segunda ley de la termodinámica, la naturaleza siempre tiende hacia el desorden de forma espontánea. En el ejemplo del té en la taza, el té se difunde por todo el agua, se desordena y elimina las diferencias entre el té concentrado y el agua cristalina, hasta generar un sistema en latinoamericanos, donde generalmente existen dos clases sociales bien definidas: los que tienen mucho dinero y una clase muy pobre, prácticamente sin una clase media establecida. En estos países, aquellos con mucho dinero compran bienes de lujo, los cuales no generan flujos de dinero adicionales. A muchos les gustan los autos Ferrari, pero concordemos que esta compra no genera crecimiento económico. ¿No sería mejor usar ese dinero para adquirir tecnología que haga al sistema productivo más eficiente y multiplique el dinero? En lugar de enfocarse en bienes de lujo, que son gastos, los países latinoamericanos deberían impulsar una cultura del ahorro e inversión. De esta manera, se podría fomentar la creación de más oportunidades y aumentar la clase media, que es el motor de un desarrollo económico sostenible. También es crucial invertir en la educación y a proyectos que impulsen el crecimiento y la innovación tecnológica, en lugar de centrarse únicamente en el consumo impulsivo. Es importante aprender de países desarrollados que han entendido la importancia de diferenciar entre gasto e inversión para asegurar un crecimiento económico sostenible. La toma de decisiones racionales y estratégicas es esencial para el progreso a largo plazo, tanto a nivel individual como a nivel de toda una nación.

Privilegiar la inversión por sobre el gasto puede facilitar los saltos evolutivos que sueñas dar.

7.6 PASTELERO A TUS PASTELES

La especialización mejora la productividad, ya lo decía Adams Smith, el padre de la economía. Cuando no se tiene los recursos suficientes para crecer, quizá la mejor estrategia es encontrar un socio y especializarse. Así el socio realiza ciertas tareas para generar recursos que te servirán a ti y tú te especializas en producir recursos que le sirvan a él. Acuérdese que el cuerpo ha evolucionado en ese sentido, necesitando cada vez menos energía para funcionar. El cuerpo es la unión de sistemas especializados que trabajan cooperativamente.

Una empresa exitosa de la ciudad donde vivo, formada por dos hermanos, Juan y Luis, ha ido creciendo y extendiendo sus ventas hacia nuevos mercados, posicionando su marca como productos de alta calidad a precio alto. Juan es muy extrovertido, dispuesto a arriesgarse, a tomar decisiones con poca meditación, pero muy abierto a corregir los errores y así, ir aprendiendo. Su estrategia es de prueba y error. Por su parte Luis es una persona introvertida, quien busca mucha información antes de tomar una decisión, evitando los errores. Él prefiere aprender de los libros y le gusta ir registrando las distintas experiencias y un fuerte control de los ingresos y costos de la empresa, siendo estos datos muy relevantes para la toma de decisión futura. Estas personalidades totalmente distintas han permitido a la empresa crecer como nadie se lo imaginó, ya que Juan se hizo cargo del área comercial, mientras Luis supervisa directamente el área de producción y realiza el análisis financiero necesario para la adecuada utilización de los recursos económicos. Entre ellos existen discusiones acaloradas y en pocas están de acuerdo al inicio de sus conversaciones, pero aun así mantienen el equilibrio en la dirección de la empresa. Por ejemplo, cuando se necesita hacer nuevas campañas de marketing, Juan quiere ocupar mucho dinero para impactar fuertemente al cliente con los nuevos productos, pero Luis le pide que justifique desde antes la utilización de los recursos, en lo posible mediante un proyecto donde se detalle los distintos gastos, a lo cual, Juan le plantea que los costos dependerán de su mente creativa del momento y no le puede anticipar todo.

No todos los emprendedores tienen un hermano con una personalidad opuesta. Por eso, te invito a auto-conocerte, saber cuál es tu personalidad dominante y buscar algún socio que pueda complementar tu otra parte más disminuida. Otra forma puede ser ocuparte por desarrollar aquella forma de pensar que limite tu crecimiento personal, el único inconveniente es que los cambios de personalidad son muy difíciles o por lo menos, requieren mucho tiempo.

El economista David Ricardo propuso la teoría de las ventajas relativas aplicada al comercio exterior, demostrando la importancia de que los países tengan intercambio comercial para el desarrollo de sus economías, donde cada uno debe dedicarse a producir aquel producto con costos relativos más bajos.

Un refrán conocido dice "pastelero a tus pasteles", dando a entender la importancia de la especialización para obtener buenos resultados. Muchos profesores de administración, dedicados a la investigación, se suelen enfrentar a la siguiente crítica de sus alumnos: "Profesor, usted sabe tanto de empresas, pero ¿Por qué no tiene una empresa?". De hecho, existen profesores que enseñan sobre empresas y no tienen empresas. Pienso que la respuesta a esta supuesta contradicción se relaciona con la especialización. El profesor dedicado a investigar materias específicas, por lógica, logrará un nivel de aprendizaje mayor en sus alumnos. El tiempo dedicado a investigar, no lo está dedicando a resolver problemas de la empresa, así como tampoco el empresario está buscando nuevas formas de enseñar mejor. Maradona, para los argentinos y millones de personas del mundo, es el mejor jugador de fútbol de la historia, pero cuando lo pusieron a cargo de la selección de fútbol argentina quedó eliminado en la primera etapa del Mundial Sudáfrica 2010. No por ser un buen jugador serás un buen entrenador o viceversa.

Robert McKee, por varias décadas, fue profesor de guiones de películas, logrando que sus estudiantes hayan ganado 30 premios Oscar y 114 premios Emmy. Sin embargo, él sigue siendo profesor. Uno de sus alumnos fue Steven Spielberg. Posiblemente algunos de sus alumnos, hoy grandes directores de cine, le preguntaron, ¿por qué no aplica en su vida lo que nos está enseñando y hace sus propias películas? Y la respuesta podría ser, usted especialícese en hacer buenas películas y yo me especializo en enseñarle cómo hacer buenos guiones.

En el contexto personal, recordemos la existencia de las inteligencias múltiples; no siempre ser bueno para las matemáticas me asegura el crecimiento personal. Descubre cuál de las inteligencias múltiples tienes más desarrolladas y quizá tengas resuelto algunos problemas de tu vida. Cantantes, como Michael Jackson, no asistieron al colegio ni mucho menos a la universidad, pero descubrieron a temprana edad que su inteligencia más desarrollada era musical. Situación similar es la de los futbolistas de los más grandes clubes del mundo, dentro de los cuales se encuentra Lionel Messi. No ocuparon tiempo aprendiendo matemáticas, física o filosofía, simplemente seleccionaron su inteligencia kinestésica y lograron dar saltos evolutivos en sus vidas.

7.7 ESTANDARIZA LO OPERATIVO PARA SEGUIR CON LO ESTRATÉGICO

Los procesos operativos son aquellos que siempre e hacen igual y no generan valor adicional. Identificado los procesos operativos, la clave es estandarizarlos y luego replicarlos una y otra vez. En este sentido, suele existir discusiones en el mundo de los negocios, ¿las empresas deben ser rígidas o flexibles para sobrevivir en el tiempo? La respuesta es que aquellos procesos similares deben estandarizarse y hacerse siempre igual (ciclo eficiente), dándole rigidez a la empresa, a cambio de mayor eficiencia en el uso de los recursos. Junto con esto, deben identificarse aquellos procesos estratégicos, que harán que la organización crezca o por lo menos sobreviva en los mercados competitivos en el largo plazo.

Si analizamos la crianza de un bebé, es fácil diferenciar entre lo operativo y lo estratégico. Cuando nace el bebé o incluso, antes de nacer, los padres están muy orgullosos de su descendencia. Entonces vienen a la mente diversos pensamientos que aseguren el éxito de éste. Así, se piensa en qué jardín infantil entrará, en qué colegio y qué carrera universitaria debería seguir, todos pensamientos de largo plazo y al mismo tiempo, estratégicos. No obstante, de pronto comienza a llorar el bebé porque le dio hambre o porque necesita ser cambiado de pañales, ambas situaciones operativas. Por varios años estas tareas deberán repetirse varias veces en el día hasta que el bebé se transforme en "persona" y tome sus propias decisiones.

Utilizando nuevamente al cuerpo humano y procesos automáticos como ejemplo, se observa que la piel protege y está en contacto directo con el medio externo, el sistema circulatorio permite transportar nutrientes y oxígeno mediante el bombeo de la sangre, el sistema respiratorio captura el oxígeno del aire y devuelve el dióxido de carbono proveniente de la combustión de las células y todo esto ocurre en nuestro interior sin tomar conciencia de ello. Son procesos operativos estandarizados. Existen múltiples funciones dentro del cuerpo, todas completamente estandarizas, siempre se hacen igual y con la misma frecuencia de tiempo. Pero de todos los sistemas estandarizados del cuerpo, el sistema inmunológico es el que llama más la atención. Al ingresar al cuerpo microorganismos extraños, éste se activa inmediatamente eliminándolos y ni siquiera nos dimos cuenta. Lo más grandioso es que una vez ganada la batalla contra los agentes extraños, toma nota (aprende), así en caso de que el mismo microorganismo quiera atacar nuevamente, ya conoce la estrategia de eliminación. Replicar un patrón de orden, significa estandarizar los procesos internos ahorrando energía, la cual se puede canalizar para la búsqueda de nuevas soluciones adaptativas. Así pues, las personas no están a cada momento tomando el tiempo para saber si respiraron o no. No están escuchando su corazón para ver si está latiendo o no.

Una vez estandarizado un proceso, el cuerpo se despreocupó de estas funciones operativas, dedicándole tiempo a tareas más estratégicas. Entendiendo como estratégico todas aquellas acciones realizadas para sobrevivir y crecer en el espacio y en el tiempo, en un entorno de incertidumbre. Las organizaciones humanas y en particular las empresas podrán ir creciendo y preocupándose de aspectos estratégicos en la medida que vayan estandarizando sus procesos internos. Así, un emprendedor dedicado a trabajar, administrar y además es dueño de la empresas, al cabo de un tiempo deberá estandarizar los procesos y dejar a un encargado de esas tareas para así dedicarse a las decisiones estratégicas. Debe olvidarse de las tareas operativas y dejarlas en manos de otra persona de confianza o sistemas automáticos. Delegar será posible siempre y cuando los procesos estén estandarizados

Luisa es una emprendedora de Santiago de Chile que lleva más de 10 años vendiendo pan amasado y empanadas. Ella es dueña del negocio, es gerente y además fabrica el pan y las empanadas. Durante todos estos años ha soñado con ganar más dinero y así comprarse una casa, porque vive en una arrendada. Su problema ha sido no clasificar los procesos operativos de los procesos estratégicos. La fabricación del pan y de las empanadas, siempre se ha hecho igual, sin embargo, ella sigue ocupando energías y tiempo en dicha tareas, pudiéndose delegar la tarea a un empleado y ella dedicarse a ampliar su mercado, buscando nuevos clientes u ofreciendo nuevos productos, que es en definitiva lo estratégico. Ella podría ampliarse y abrir nuevas sucursales dentro de Santiago o en otras ciudades, pero mientras no estandarice sus procesos operativos y deje a un encargado no lo podrá hacer. Debe dejar que el cuerpo respire aire o bombee sangre solo, ya que hay procesos estratégicos que atender.

Según Robert Kiyosaki, la clave para obtener la libertad financiera es aspirar a ser inversionista (Kiyosaki, 2008). Un inversionista no está preocupado de gestionar una empresa, sino en colocar su dinero en varias empresas o alternativas de inversión, estando en uno de los niveles evolutivos más altos en el mundo de los negocios. El dueño de la empresa sigue preocupado de su empresa, la cual normalmente él creó y la hizo crecer con mucho esfuerzo, teniéndole mucho cariño. El administrador o gerente de la empresa es otro empleado más, sólo que dentro de la organización está por sobre el resto de trabajadores, pero es empleado al fin, igual que el trabajador de la fábrica. Ahora bien, será muy difícil que una empresa u organización crezca si el dueño de la empresa es administrador y trabajador al mismo tiempo. Como en el caso de la señora Luisa, estandarizar determinadas funciones, delegando en otros las tareas operativas, permitirá dedicar tiempo y energía en pensar las estrategias de crecimiento de la empresa en el largo plazo.

Otro ejemplo de estandarizar lo operativo y centrar los esfuerzos en lo estratégico son las franquicias. Seguramente más de alguna vez has estado en un restaurante McDonals, en el cual queda muy clara la estandarización en la atención. Cuando llegas al restaurante te saluda un joven empleado o empleada, "buenos día señor(a), ¿qué se servirá?". Entonces, eliges de la oferta mostrada en la parte superior. Después te preguntan, "¿por 200 pesos, quiere agrandar sus papas o su bebida?". El empleado entrega el pedido al cocinero, mientras él coloca su bebida en la bandeja, tú esperas un momento hasta que tu pedido está completo y te vuelven a preguntar, "¿desea mayonesa, ketchup o mostaza?" Finalmente, te dan las gracias y te dicen "¡que disfrute su comida!". Si tú has tenido la oportunidad de viajar a otras ciudades, fuera del país, reconocerás que el proceso de atención será el mismo, incluso, si los países tienen el mismo idioma ocuparán las mismas palabras para atenderte, además de venderte las mismas hamburguesas, con el mismo queso, las mismas lechugas, tomates y en el mismo tamaño. Sin duda esto reduce la complejidad, gracias a la estandarización de los procesos operativos, transformándolos en automáticos. En la medida en que los procesos estén bien definidos y estandarizados, se le deja muy poca libertad para tomar decisiones al empleado, reduciendo la probabilidad de cometer errores en la atención. Simplemente debe memorizar una rutina y repetirla una y otra vez, haciendo que un mismo cliente reciba la misma atención hoy o mañana. Si va a otro restaurante de esta cadena de comida rápida lo atenderán de la misma forma, a pesar de que los empleados que lo atiendan sean distintos.

Esta estandarización y replicación hace que estos procesos puedan venderse mediante franquicias. Cuando un emprendedor inicia un negocio comienza a probar distintas estrategias comerciales, mientras que las franquicias obligan a ejecutar procesos que ya han tenido éxito. Mediante la franquicia no sólo se permite vender cierto tipo de marca, sino también la forma en cómo se venderán éstas, considerando para ello el color con el que se pintará el restaurante, el tipo de sillas y mesas a utilizar, el equipamiento utilizado en la cocina, la forma de vestirse los empleados y muchos otros aspectos. Esta estandarización de procesos, además de reducir la complejidad, también permitió generar un nuevo tipo de negocio, vender un negocio mediante contrato de franquicia.

Otro ejemplo más, relacionado con replicar procesos operativos y focalizarse en lo estratégico, es el "Outsourcing", en donde se clasifican aquellos procesos operativos de los estratégicos y la empresa se queda con estos últimos. Para los procesos operativos se contrata a otras empresas que presten el servicio. Se suele escuchar la frase "Hay que focalizarse en el corazón del negocio" y dejar a los subcontratistas el resto del trabajo. Una estrategia parecida al outsourcing es el leasing operativo, en el cual una empresa arrienda ciertos equipamientos, tales como camionetas para el transporte de productos o trabajadores. Entonces la empresa de leasing se preocupa de la mantención y reparación de las camionetas, mientras la otra empresa se preocupa de producir para crecer más.

Los grupos o artistas musicales también estandarizan sus actuaciones. Cuando se asiste a un concierto del cantante o grupo favorito, uno siente que los artistas ofrecen un show único. Sin embargo, exactamente ese mismo show ha sido presentado en otras ciudades del mundo una decena de veces. De esta forma, los artistas, aseguran la misma calidad a cada uno de sus seguidores, simplemente replicando el show. Además, esto hará más eficiente el uso de recursos, tanto para los productores del evento, como para el artista en el escenario, evitando improvisar, gastando menos energía y reduciendo el riesgo de equivocarse.

7.8 IDENTIFICA EL 20%

Wilfredo Pareto, un economista italiano, descubrió que, en Italia, el 20% de las personas eran propietarias del 80% de las riquezas. La regla de Pareto, también conocida como el principio 80/20, es una herramienta valiosa para alcanzar la eficiencia en el uso de recursos escasos. Esta regla sugiere que aproximadamente el 80% de los resultados provienen del 20% de las causas. Aunque es enseñada en escuelas de negocio, también puede ser utilizada en el ámbito personal.

Después de varios años, expertos de la administración identificaron nuevos contextos donde la regla de Pareto también se cumplía. Uno de estos contextos ha sido el control de calidad, en donde se buscaba reducir los productos defectuosos dentro de la fábrica, descubriéndose que aproximadamente el 80% del problema se generaba sólo por el 20% de las causas. Entonces, de acuerdo a este descubrimiento, se debía focalizar los recursos en resolver ese 20% y no despilfarrar recursos en atender el 100% de las causas inmediatamente. Esta regla también funciona en el área comercial, donde aproximadamente el 20% de los clientes genera el 80% de las ventas. Desde otra perspectiva, en lugar de intentar llegar a todas las personas con un producto o servicio, es más eficiente enfocarse en un segmento específico del mercado, aquel 20% de clientes que puede generar el 80% de las ventas o resultados deseados.

En el contexto organizacional, cuando una empresa enfrenta un problema que obstaculiza su crecimiento, es importante analizar sus causas para abordarlas de manera efectiva. Un gerente poco eficiente puede intentar resolver todas las causas simultáneamente, lo que dispersaría los recursos y podría no dar los resultados esperados. Por otro lado, un gerente más eficiente identificará las causas principales y se enfocará en ellas primero. Aplicando la regla de Pareto, es probable que solo unas pocas causas (alrededor de 2 de las 10 existentes) estén causando la mayoría de los problemas, por lo que concentrar los recursos en ellas generará un mayor impacto y solucionará el problema de manera más rápida y efectiva.

La regla de Pareto ha encontrado aplicación en diversos campos, incluyendo el control de calidad y el marketing, con resultados exitosos. Su esencia reside en concentrarse en lo más relevante y priorizar las acciones que generarán los mejores resultados con el menor esfuerzo. Al implementar esta regla en el ámbito personal, las personas también pueden aumentar su eficiencia al identificar y destinar tiempo y recursos a las actividades que tienen un mayor impacto en sus objetivos, en lugar de dispersarse en tareas menos importantes.

Cabe señalar que los números 20% y 80% son simplificaciones de la realidad. Es probable que no se ajusten exactamente a esos valores, pero lo fundamental es reconocer que existen factores que pueden generar un mayor impacto y que a menudo tienden a ser una proporción menor. Por tanto, al dirigir nuestros recursos escasos hacia ese 20%, estaremos optimizando el uso de dichos recursos.

8 BIBLIOGRAFÍA

Aaker, D. (2002). *Construir Marcas Poderosas.* Barcelona: Ediciones Gestión 2000, S.A.

Ayllón, J. R. (1999). *El Arte de la Guerra.* Madrid: Ediciones Martínez Roca.

BBC News Mundo. (29 de Marzo de 2023). La carta en la que más de 1.000 expertos piden frenar la inteligencia artificial por ser una "amenaza para la humanidad". *BBC News Mundo* , págs. https://www.bbc.com/mundo/noticias-65117146.

Bielke, M. S. (2019). La paradoja de los gemelos en Los textos de Einstein. *Revista Colombiana de Filosofía de la Ciencia, vol. 19, núm. 39* , 11-41.

Bird, R. (2006). *Fenómenos de Tranporte.* México: Limusa wiley.

Case, A. &. (2008). Stature and status: Height, ability, and labor market outcomes. *Journal of Political Economy* , 116(3): 499–532.

Chun Siong Soon, M. B.-J.-D. (2008). Unconscious determinants of free decisions in the human brain. *Nature Neuroscience* , 11, pages 543–545.

Clayfield, M. (18 de Mayo de 2009). Correlation between height and income no tall story. *The Australian* , págs. https://www.theaustralian.com.au/subscribe/news/1/?sourceCode=TAWEB_WRE170_a_GGL&dest=https%3A%2F%2Fwww.theaustralian.com.au%2Fnation%2Fhealth-science%2Fcorrelation-between-height-and-income-no-tall-story%2Fnews-story%2F2968bb3b3d7a477192d929dc04e7d56d&me.

Coppens, Y. (2009). *La historia del hombre.* Barcelona: Tursquest Editores.

Darwin, C. (2003). *El Origen de las Especies.* Madrid: Alianza Editorial.

Dawkins, R. (2002). *El Gen Egoísta.* Barcelona: Salvat Editores S.A.

Diéguez, A. (2017). *Transhumanismo: La búsqueda tecnológica del mejoramiento humano.* Herder Editorial.

Eagleman, D. (8 de Diciembre de 2019). El increíble poder que tiene nuestro cerebro de estirar (y encoger) el tiempo. *BBC Mundo* , págs. https://www.bbc.com/mundo/noticias-50677595.

Frases de famosos. (2023). *Frases de famosos*. Recuperado el 5 de Agosto de 2023, de https://citas.in/frases/72037-erasmo-de-rotterdam-el-hombre-inteligente-no-orina-contra-el-viento/

Friedman, M. (2008). *Libertad de Elegir.* Madrid: Gota a Gota Ediciones.

Gardner, H. (1998). *Inteligencias Múltiples: La teoría en la práctica.* Barcelona: Paidós.

Gigerener, G. (2008). *Desiciones Instintivas.* Barcelona: Ariel.

Guimón, P. (29 de Noviembre de 2009). El reino que quiso medir la felicidad. *El Pais de España* , pág. https://elpais.com/diario/2009/11/29/eps/1259479614_850215.html.

Inzunza, J. C. (2002). *Física: Introducción a la Mecánica. Cap. 15. Segunda ley de la termodinámica y entropía.* Concepción, Chile: Universidad de Concepción.

Judge, T. &. (2004). The Effect of Physical Height on Workplace Success and Income: Preliminary Test of a Theoretical Model. *Journal of Applied Psychology* , 89(3), 428–441.

Kiyosaki, R. (2008). *Padre rico, padre pobre.* Aguilar.

Klein, É. (2005). *Las tácticas de Cronos.* Madrid: Ediciones Siruela, S.A.

Klein, N. (2007). *La doctrina del shock: El auge del capitalismo del desastre.* Madrid: Paidos Ibérica.

Kuhn, T. (1971). *Estructura de las revoluciones científicas.* México: Fondo de Cultura Económica.

Kuhn, T. (1962). *The structure of scientific revolutions.* Chicago: University of Chicago Press.

La Vanguardia. (31 de Agosto de 2005). El hombre y el chimpancé comparten el 96% de su ADN. *La Vanguardia* , págs. https://www.lavanguardia.com/vida/20050831/51262813760/el-hombre-y-el-chimpance-comparten-el-96-de-su-adn.html.

Lefiman, J. (2012). *La Inteligencia Evolutiva del Emprendedor.* Temuco: witravel Editores.

Lefiman, J. (2020). *Las Matemáticas Ocultas de los Mapuche.* Temuco: witravel Editores.

Levitt, T. (1960). Marketing Myopia. *Harvard Business Review* .

MacInnis, D., & Folkes, V. (2017). Humanizing brands: When brands seem to be like me, part of me, and in a relationship with me. *Journal Of Consumer Psychology* , https://myscp.onlinelibrary.wiley.com/doi/abs/10.1016/j.jcps.2016.12.003.

Marcus, G. (2010). *Kluge: la Azarosa Construcción de la Mente humana.* Barcelona: Ariel.

Margulis, L. (1996). Archaeal--Eubacterial Mergers in the Origin of Eukarya: Phylogenetic Classification of Life. *National Academy of Sciences* , 1071-1076.

Martins, A. (23 de Febrero de 2023). La clave para "una buena vida" según la Universidad de Harvard: qué dice el estudio más largo sobre la felicidad jamás realizado. *BBC News Mundo* , págs. https://www.bbc.com/mundo/noticias-64571655.

McLuhan, M. (1969). *La Comprensión de los Medios como Extensiones del Hombre.* México: Diana.

Mikkelsen. (2005). Initial sequence of the chimpanzee genome and comparison with the human genome. *Nature* , https://www.nature.com/scitable/content/Initial-sequence-of-the-chimpanzee-genome-and-13407/.

Mitchels, R. (1996). *Los Partidos Políticos I.* Buenos Aires: Amorrortu.

Mnookin, R. (2010). *Negociando con el Diablo.* Bogotá: Editorial Norma S.A.

Nietzsche, F. (2016). *La genealogía de la Moral.* Madrid: Aliana Editorial.

Nietzsche, F. (1981). *La voluntad de poderío.* Madrid: EDAF S.A.

Nobre, K. (9 de Septiembre de 2012). El cerebro construye la realidad. (E. Punset, Entrevistador)

Pérez, J., Jimero, J. L., & Cerdá, E. (2004). *Teoria de Juegos.* Madrid: Pearson Educación, S.A.

Piaget, J. (1991). *Seis Estudios de Psicología.* Barcelona: Labor, S.A.

Pooyard, P., & Grimault, J. (Dirección). (2016). *The Revelation of the Pyramids* [Película].

Ries, A., & Trout, J. (2002). *Posicionamiento: La batalla por su mente.* México: McGraw-Hill.

Rifkin, J. (2007). *La economía del hidrógeno.* Barcelona: Ediciones Paidós Ibérica S.A.

Roseboom. (2001). Effects of prenatal exposure to the Dutch famine on adult disease in later life: an overview. *Molecular and Cellular Endrocrinology, volume 185, Isses 1-2, Departament Of Epidemiology, Academic Medical Centre, Amsterdam, Netherlands* , 93-98.

Roseboom, T. (2001). Effects of prenatal exposure to the Dutch famine on adult disease in later life: an overview. *Molecular and Cellular Endrocrinology, volume 185, Isses 1-2, Departament Of Epidemiology, Academic Medical Centre, Amsterdam, Netherlands* , 93-98.

Sampedro, J. (17 de Agosto de 2012). Un libro escrito en la molécula de ADN. *El País* , pág. https://elpais.com/sociedad/2012/08/17/actualidad/1345230767_290008.html.

Schacter, D. (2007). *Los siete pecados de la memoria.* Barcelona: Ariel.

Schwartz, B. (2005). *Por qué más es menos.* Madrid: Taurus.

Senge, P. (1999). *La quinta diciplina.* Barcelona: Ediciones Granica S.A.

Sokoloff, D., & Clarke, L. (1999). *Basic Neurochemistry, 6th edition, Chapter 31. Circulation and Energy Metabolism of the Brain.* Philadelphia: American Society for Neurochemistry.

Stern, w. (1914). *The psichological Methods of intelligence testing.* Baltimore: warwich & York.

http://witravel.cl/

www.ingramcontent.com/pod-product-compliance
Ingram Content Group UK Ltd.
Pitfield, Milton Keynes, MK11 3LW, UK
UKHW021705190726
13853UKWH00001B/422

9 789560 997609